Bernd Eichmann
Auch wenn andere die Weichen stellten ...
Exemplarische Lebensgeschichten
von Eisenbahngewerkschaftern

Bernd Eichmann

Auch wenn andere die Weichen stellten...

Exemplarische Lebensgeschichten
von Eisenbahngewerkschaftern

Mit einem Vorwort von Ernst Haar,
Vorsitzender der Gewerkschaft der Eisenbahner
Deutschlands

Bund-Verlag

CIP-Titelaufnahme der Deutschen Bibliothek

Eichmann, Bernd:
Auch wenn andere die Weichen stellten . . . : exemplar.
Lebensgeschichten von Eisenbahngewerkschaftern/Bernd
Eichmann. Mit e. Vorw. von Ernst Haar. – Köln: Bund-Verl.,
1988
ISBN 3-7663-3135-3

© 1988 by Bund-Verlag GmbH, Köln
Lektorat: Gunther Heyder
Herstellung: Anke Roll
Umschlag: Kalle Giese, Overath
Satz: Satzbetrieb Schäper, Bonn
Druck: satz + druck gmbh, Düsseldorf
Printed in Germany 1988
ISBN 3-7663-3135-3

Alle Rechte vorbehalten, insbesondere die des öffentlichen Vortrags,
der Rundfunksendung und der Fernsehausstrahlung,
der fotomechanischen Wiedergabe, auch einzelner Teile.

Inhalt

Vorwort von Ernst Haar		7
Kapitel 1:	Frühe Bilder und Spuren	9
Kapitel 2:	Wurzeln der »Menschwerdung«	21
Kapitel 3:	Kämpfe und Wanderschaften	35
Kapitel 4:	Durchwachsene Zeiten	47
Kapitel 5:	Verpaßte Gelegenheiten	67
Kapitel 6:	Der fast normale Alltag	87
Kapitel 7:	Konspiration	107
Kapitel 8:	Zuchthaus-Tagebuch	119
Kapitel 9:	Aufbau: Über alles?	133
Kapitel 10:	Vier Jahrzehnte später	155
Nachwort:	Ein wenig Theorie	165
Anhang:	Quellennachweis	175
	Abkürzungen	184

Vorwort

**Leben kann man nur vorwärts,
das Leben verstehen nur rückwärts**

»Auch wenn andere die Weichen stellten ...«, trugen die Lasten Menschen – Gewerkschafter – Eisenbahner. Sie lebten, erlebten, erlitten Geschichte: Sie agierten und kämpften, erlitten Niederlagen, waren beteiligt an Erfolgen, wurden verfolgt, eingekerkert, ermordet oder gingen in die innere Emigration.

Das Buch Bernd Eichmanns erzählt Lebensgeschichten aus der Geschichte: Kapp-Putsch, Inflation, Ruhrkampf, Notverordnungen, Weltwirtschaftskrise, Massenarbeitslosigkeit, Gleichschaltung, Verfolgung, Unterdrückung, Widerstand und Anpassung oder Duldung – markante Ereignisse, an die jeder auf seine Weise sich erinnert.

Da andere die Weichen zu lange gegen uns gestellt hatten, beteiligten sich die Funktionäre der ersten Stunde nach dem Krieg engagiert an dem Aufbau der Einheitsgewerkschaft aller Demokraten. Wieder agierten sie, kämpften sie für soziale Gerechtigkeit, Mitbestimmung, Gleichstellung von Arbeitern, Angestellten und Beamten, höhere Löhne und Gehälter. Und sie und wir hatten Erfolg, und erlitten auf diesem Weg auch Niederlagen.

Dieses Geschichtsbuch, das aus Fragen und Diskussionen einer Bildungsveranstaltung der Eisenbahner-Gewerkschaft 1987 in Königstein mit Alt-Funktionären entstanden ist, gibt subjektive Antworten. Gerade in seiner Subjektivität will es Lernprozesse jenseits herkömmlicher Geschichtsbetrachtung in Gang setzen: Erlebte Geschichte, Geschichte von unten, im besten Sinne des Wortes.

Dies ist in schwieriger Zeit wie auch heute als Rückbesinnung für eine bessere Zukunft unerläßlich. Wir müssen gerade aus der langen Kette mancher Erfolge und schwerer Niederlagen lernen. Leben kann man nur vorwärts, das Leben verstehen nur rückwärts.

Ernst Haar, MdB
Vorsitzender der Gewerkschaft
der Eisenbahner Deutschlands

KAPITEL 1

Frühe Bilder und Spuren

Ein vergilbtes Photo, handtellergroß, auf steifer braungrauer Pappe aufgezogen, gefertigt vom Atelier Ranzenberger, Mainz, Rheinstraße 45 1/10, »Vergrößerungen nach jedem Bilde. Die Platte bleibt aufbewahrt«. Es zeigt das Brustbild eines jungen Paares im Sonntagsstaat der Jahrhundertwende: Der Mann trägt den dezent Längsgestreiften mit Weste, Vatermörder, weißer Fliege und Kavalierstuch; das Haar ist penibel gescheitelt, Pomade hat wohl geholfen, die Naturwellen zu glätten. Auf der Oberlippe ein kurzgetrimmter Schnurrbart. Die Frau, fast noch ein Mädchen, hat sich in eine hoch- und enggeschlossene, augenscheinlich steifgestärkte weiße Bluse gezwängt, die in Kehlkopfhöhe eine runde Brosche schließt und schmückt; in weichen Wellen fällt der dreifache Kragen des geschnürten Kleides über die Schultern. Eine Momentaufnahme im Halbprofil, ein Hochzeitsphoto, offensichtlich. Gesammelt, ohne Lächeln schaut das Paar in die vom Photographen vorgegebene Richtung.

Der bürgerliche Habitus täuscht; das junge Paar, das im Jahr 1904 heiratet, ist proletarischer Herkunft, hat nur selten Gelegenheit, den Sonntagsstaat zu tragen. Margarethe – »Gretel« – Schneider, im Hochzeitsjahr ihrer Eltern geboren, fällt zu diesem Bild zuerst und vor allem eines ein: »Mein Vater war schon vor 1900 in der Partei, meine Mutter ging nach der Heirat in die Partei.« Und: »Mein Vater war Schreiner und Mitglied im freien Holzarbeiterverband.« – »Die Partei«, das ist, unausgesprochen, selbstverständlich die SPD, das »frei« vor dem Holzarbeiterverband wird besonders betont. Nicht christlich, nicht liberal wie die in den Hirsch-Dunckerschen Gewerkschaften zusammengefaßten Arbeiter, sondern auch hier: sozialdemokratisch. Eine frühkindliche Prägung, die über acht Jahrzehnte bestimmen wird.

Vierzehn Jahre später steht Gretel Schneider selbst Modell beim Photographen, diesmal im Mainzer Atelier »Rembrandt« auf der Großen Bleiche 50. Sie trägt ein eher ärmliches weißes Kleid mit Lochmuster zu den obligatorischen schwarzen Schnürstiefeln, stützt sich mit dem linken, weißbehandschuhten Arm auf einen hochbeinigen Blumenständer. Blumen auch in der rechten Hand; der Blütenkranz im Haar täuscht nur beim ersten Blick über das ausgehungerte Gesicht mit den tiefen Augenschatten hinweg. Denn noch ist Krieg, Nahrung und Rohstoffe sind rationiert, für ein Familienfest muß der Mangelwirtschaft mit Phantasie das Notwendigste abgerungen werden. »Es war schwer, den Stoff für das Kleid zu kriegen«, erinnert sich Gretel Schneider, »Vater war noch im Krieg. Da hat uns der Onkel eingeladen und Johannisbeerwein auf mein schönes Kleid gekippt.«

In diesem letzten Kriegsjahr feiert Gretel Schneider ihre Jugendweihe, mehr als nur Ersatz der Arbeiterbewegung für die christlich-bürgerliche Firmung oder Konfirmation. Die Kirchenaustritte häufen sich im Krieg, die atheistischen proletarischen Freidenker ernten in Notzeiten die Früchte ihrer antiklerikalen Saat. Für die vierzehnjährige Tochter des Schreiners, Gewerkschafters und Sozialdemokraten beginnt mit der Jugendweihe ein langes Arbeitsleben in elterlicher Tradition: Als gelernte kaufmännische Kraft kommt sie 1921 zum »Zentralverband der Angestellten«; ihre Referenzen: »... daß ich schon mit der SPD zusammengearbeitet habe und weil meiner Vater ein guter Gewerkschafter war«. Im Jahr darauf wechselt sie als Büroangestellte zur freien Eisenbahnergewerkschaft, dem »Deutschen Eisenbahner-Verband« (DEV) in Mainz. Vier Sätze braucht Gretel Schneider, um die folgenden, bis heute siebenundsechzig

Gretel Schneider: Jugendweihe, 1918.

Jahre in ihrem Kern zusammenzufassen: »So bin ich dann auf die Gewerkschaft gekommen, habe viele Erlebnisse gehabt. Ich habe drei Bezirksleiter überlebt. Ich habe schöne Dinge erlebt. Ich habe dann meine Geburtstage gefeiert mit der Gewerkschaft.«

Sind Bilder da, kann man sich ein Bild machen wie von Gretel Schneider. Sehr viel schwerer fällt das bei Nikolaus Rott, Jahrgang 1891. Seine Kindheit und Jugend hat nur schriftliche Spuren hinterlassen wie diesen Lebenslauf, den er im April 1948 für die amerikanischen Besatzungsbehörden schreibt: »Am 15. Januar 1891 bin ich in Weiden geboren. In den Jahren 1897 bis 1904 besuchte ich die Volksschule in Weiden, die darauf folgenden 3 Jahre hatte ich Berufsausbildung als Maschinenschlosser. Von 1907 bis 1911 war ich als Maschinenschlosser tätig. Vom 19. 10. 1911 bis 24. 9. 1913 war ich aktiv beim Militär. Vom 3. 8. 1914 bis 3. 3. 1916 machte ich Kriegsdienst. Anschließend wurde ich als Maschinenschlosser zur Maschinenfabrik ›Maffei‹ nach München abkommandiert und war dort bis 4. 1. 1919. (...) Von 1916 bis 1919 war ich beim Metallarbeiterverband. Im Jahre 1919 trat ich in das Arbeitsverhältnis der Deutschen Reichsbahn als Maschinenschlosser ein. Als Funktionär des Einheitsverbandes der Eisenbahner Deutschlands war ich als Betriebsrat beim Bw Weiden in ununterbrochener Folge...«

Dürre Zahlen und Fakten eines chronologischen Lebenslaufes; der schlichte Satzbau und die ungefilterte Übernahme amtlicher Termini verrät den Handarbeiter, die bayerische Satzmelodie den gebürtigen Oberpfälzer. Drei Jahrzehnte seines Lebens in einer Zeit, die das Gesicht Europas bis zur Unkenntlichkeit zu verändern schien, faßt Nikolaus Rott, Eisenbahner und Gewerkschaftsfunktionär aus Weiden/Oberpfalz, in gerade vierzehn Zeilen zusammen. Hätte sich nicht die »Demokratische Bildungsgemeinschaft Oberpfalz e. V.« die Mühe gemacht, zum 80jährigen Jubiläum der SPD Weiden einen Beitrag zur Geschichte der bayerischen Arbeiterbewegung zu schreiben, das erste Lebensdrittel des Nikolaus Rott ließe sich nicht mehr rekonstruieren. Denn der 96jährige selbst hat Schwierigkeiten, sich für den Außenstehenden heute noch verständlich zu artikulieren; die Jubilarsehrungen der lokalen Zeitung (zum 65sten, 70sten, 75sten, 80sten...) orientieren sich im Erscheinungsdatum wie inhaltlich an der numerischen Logik, die Zeitungsartikel ebenso kennzeichnet wie chronologische Lebensläufe.

Da hilft denn nur die genannte Festschrift weiter, die Zeilen zwischen den Zeilen des Rottschen Lebenslaufes ein wenig aufzufüllen: 1896, der Sohn des Schlossermeisters Rott ist noch nicht eingeschult, errichtet die bayerische Staatsbahn ihre 4. Zentralwerkstätte in Weiden, bietet 104 Beschäftigten Arbeit und Brot. Zwei Jahre später finden sich viele dieser Arbeiter im neugegründeten Ortsverband des »Süddeutschen Eisenbahnerverbandes« zusammen: Diese freien Gewerkschafter arbeiten in der Folge eng mit der sozialdemokratischen Partei zusammen. Nikolaus Rott, der gelernte Maschinenschlosser, muß erst noch seine Militärzeit beim Bayerischen Telegrafenbataillon abdienen, den Weltkrieg an vorderster Front durchkämpfen und mit zwei Verwundungen entlassen werden, bevor er als Arbeiter der Waffenschmiede »Maffai« in München zur Sozialdemokratie stößt. »1919« gibt er in seinem später verfaßten Lebenslauf als Beitrittsdatum zur SPD an, unterschlägt zwei bewegte Jahre seiner politischen Laufbahn. Der Grund wird klar angesichts der US-amerikanischen, antikommunistischen Adressaten: In den Kriegsjahren 1917 und 1918 wie im Revolutionsjahr 1919 gehört er zur USPD, jener 1917 gegründeten Abspaltung von den »Mehrheitssozialisten«, die sich den Kriegskrediten verweigert, das parlamentarische Regierungssystem ablehnt, ein Rätesystem und die Vergesellschaftung von Großgrundbesitz und Kapital, Bildungs- und Erziehungswesen fordert.

Am 7. November 1918 versammeln sich fast 200 000 Menschen in München, fordern die Errichtung eines »Volksstaates Bayern« und die Einberufung einer Volksregierung. SPD und USPD hatten gemeinsam dazu aufgerufen. Der Rüstungsarbeiter Rott ist dabei, erlebt den Sturm der bayerischen Kasernen, die Flucht des Königs Ludwig nach Tirol, die Konstituierung von Arbeiter- und Soldatenräten und schließlich, am 8. November, die Proklamation einer Bayerischen Republik mit dem USPD-Ministerpräsidenten Kurt Eisner an ihrer Spitze. Doch die Zeichen stehen, wie überall im Reich, schlecht für radikalsozialistische Gesellschaftsentwürfe: Im Februar 1919 fällt Eisner einem Attentat des rechtsradikalen Grafen Arco-Valley zum Opfer, im April zerschlagen Reichswehr und städtische Freikorps die Reste der Räterepublik, die zwischenzeitlich durch die Hände von Anarchisten und Kommunisten gegangen war. Nikolaus Rott kehrt in seinen Heimatort Weiden zurück, heuert als Schlosser bei der Deutschen Reichsbahn an. Noch einmal, im März 1920 lebt und erlebt er Reichsgeschichte aus erster Hand, als die durch den Versailler Vertrag auf ein Rumpfheer reduzierte Reichswehr mit entlassenen Frontoffizieren und ihren bewaffneten Freikorps gemeinsame Sache macht und den ostpreußischen Spitzenbeamten Wolfgang Kapp im besetzten Berlin zum Reichskanzler ausruft. Denn alle Eisenbahnergewerkschaften folgen dem Aufruf des Gewerkschaftsbundes (ADGB) »zum Generalstreik auf ganzer Linie«, um »namenloses Elend, andauernden Bürgerkrieg, Raub und Plünderung (...als) notwendige Folge der Militärdiktatur« zu verhindern. Übers Wochenende bricht der Putsch durch die Loyalität vieler Militärs mit der Republik, durch den Ausstand der Reichsbeamten und den Streik der Arbeiter und Angestellten in sich zusammen; Nikolaus Rott ist dabei, als Streikposten die putschfreudige Bürgerwehr vom Weidener Bahnhof vertreiben. Nach fünf Tagen »Gegenregierung« wird es ruhig im Reich wie in Weiden; für Rott beginnt der unspektakuläre, zähe Kampf als Betriebsrat, Gewerkschafts- und SPD-Funktionär. Für ein halbes Jahrhundert; in diesem Jahr 1920 ist er neunundzwanzig Jahre alt.

Schlüsselerlebnisse

Schriftliche Quellen bilden ein erstes Raster für Handlungen und »Tatbestände« im Sinne des Wortes, wie bei Nikolaus Rott. Bilder, nach Jahrzehnten neu gesichtet, bilden Befindlichkeiten ab, wie bei Gretel Schneider. Erlebtes, durch den Verstand allenfalls nachträglich in den Gesamtzusammenhang eingeordnet, scheint nur in Erinnerungen auf: Wie bei Paul Distelhut, dem Mainzer Arbeiterkind, der als Fünfjähriger seinen Vater ins Mainzer Schloß begleiten darf und dort von ihm erfährt, er habe »heute Nacht im Bett von Napoleon geschlafen«. Nachfragen ergeben, daß der Vater 1919 Mitglied des Arbeiter- und Soldatenrates war, der die Westtruppen entwaffnete und aus einem großen Auffanglager ins rechtsrheinische Gebiet überführte; er hatte sich wohl sein Quartier im einstigen Gastzimmer des französischen Kaisers genommen.

Ein Blick aus dem elterlichen Fenster knüpft im gleichen Jahr die ersten Bande von Paul Distelhut zur Gewerkschaftsbewegung; auch wenn sich der gerade Fünfjährige dieses Zusammenhangs erst sehr viel später bewußt wird: Er kann von seinem Logenplatz aus einen Kampf um das Mainzer Rathaus beobachten. Später wird er wissen, daß Pfälzer Separatisten versucht hatten, das Rathaus zu stürmen und dieser Putschversuch von Gewerkschaftern, vor allem denen der Hafenarbeiter und der Flözer niedergeschlagen worden war. »Das war sehr beeindruckend«, beurteilt Paul Distelhut heute dieses kindliche, fragmentarische Erlebnis, »ich konnte als Kind erstmals Gewerkschaften erleben, und das war nicht unwichtig für meine spätere Entwicklung.«

Noch plastischer ein Erlebnis des 1918 zwölfjährigen Eisenbahnersohnes Willi Komorowski, in dessen Gedächtnis der Anblick des brennenden Schlachthofes in Köln-Nippes mit der Erinnerung an das Kriegsende untrennbar zusammenfällt: »Der Schlachthof, da war die Artillerie untergebracht, mit Pferd und Wagen. Und kurz vor Toresschluß, 1918, ging das plötzlich alles in Flammen über. Der ganze Schlachthof brannte. Die (Artilleristen) hatten gesehen, daß alles zu Ende war und die sollten den anderen Tag raus (...). Was wichtiger für uns Jugendliche war: Die Pferde, die kamen gerannt, die hatte man gelöst von ihren Koppeln. Die rasten wie die Feuerwehr!«

Bilder, Erinnerungen, die ein Leben lang haftenbleiben – als gern erzählte Anekdote für den einen, als traumatisches Erlebnis für den anderen. Willi Komorowski wird sich später, detailgetreu und dokumentengestützt, vor allem an zehn Jahre hinter NS-Zuchthausmauern erinnern; Paul Distelhut, der es nach 1945 zum Bezirksleiter der Gewerkschaft der Eisenbahner Deutschlands bringt, wird sich als altgedienter Funktionär der rein privaten Erinnerungsarbeit zugunsten allgemeinpolitischer Rückschau entziehen.

Ganz anders Fritz Dreher, Jahrgang 1906, den es als gebürtigen Elberfelder einmal ins Schwäbische verschlagen wird. Er erlebt seine Kindheit nach acht Jahrzehnten, als wäre sie erst gestern vergangen, blättert mühelos in einem Bilderbogen der Erinnerung: Da bezieht der Vater, selbständiger Tapezierer und Maler, allwöchentlich den »Wahren Jakob« von einem Schuster und Homöopathen, der die Familie auch gesundheitlich betreut, weil »man ja nicht in der Krankenkasse war«. Da läßt das kaisertreue Familienoberhaupt die vierzehn Kinder aus zwei Ehen »eine halbe Brust voll Orden« polieren, die er 1870/71 erworben hat; bei Veteranentreffen dient dem »treudeutschen« Invaliden Spazierstock oder Regenschirm als Gewehrattrappe. Da haust die Großfamilie in einer Dreizimmerwohnung mit Wohnküche; die Kinder schlafen auf langen Bänken, unter deren Klappen das Spielzeug verstaut wird. Da hängt in der guten Stube »auf der einen Seite der Bebel, auf der anderen Seite der Kaiser Wilhelm«: ein Widerspruch, den Fritz Dreher erst viel später verstehen lernt. Und da dreht die Mutter Granaten in Leverkusen, derweil die Familie – der Vater stirbt 1916 an Lungenentzündung – auseinanderfällt.

Vor allem das evangelische Waisenhaus bei Remscheid, in das der Zehnjährige 1916 eingewiesen wird, läßt Fritz Dreher bis heute nicht los. Als einer von allzu vielen Halbwaisen – Väter gefallen, Mütter in der Rüstungsindustrie – lernt er das preußische Erziehungsreglement kirchlicher Fürsorge kennen, fürchten und hassen: »Beten, Prügel, nichts zu essen – das war dort die Dreieinigkeit!« Jeder Zögling habe in den Hungerjahren vor allem das Stehlen lernen müssen, erinnert er sich, zählt Grieß und Haferflocken auf, Zucker, Rahm und Äpfel; Säcke mit Mehl seien fachmännisch geplündert und dann wieder zugeklebt worden. Zum »Lumpenproletariat« hätten sich viele der Heiminsassen entwickelt, seien als Halbwüchsige sexuell verwahrlost, zu gewohnheitsmäßigen Lügnern und Dieben geworden. Als der nun Dreizehnjährige im ersten Nachkriegsjahr Heim und Schule verläßt, als Hilfsarbeiter in einer Feilenfabrik zum Haupternährer seiner Restfamilie wird, ist er Atheist aus Erfahrung und Überzeugung. In der Metallarbeitergewerkschaft, die ihm gleich einen Stundenlohn von fünfzig Pfennigen zur Aufnahme abfordert, findet er seine erste, noch vorläufige geistige Heimat. Kurz darauf wird die Begegnung mit einem atheistisch-proletarischen Freidenker die wohl wichtigste Begegnung seines Lebens werden.

Fritz Dreher erinnert sich immer faßbar, nachvollziehbar, immer persönlich, szenisch, färbt seine Bilder aus der Kindheit mit eigenen Gefühlen ein. Ganz anders August Trocha, Jahrgang 1904, gebürtiger Schlesier und, seit seinem sechzehnten Lebensjahr, naturalisierter Duisburger: Um seinen familiären Hintergrund zu illustrieren, blättert er seinen Stammbaum zurück bis ins 18. Jahrhundert. Er ist ein Urenkel französischer Hugenotten, die dem schweren katholischen Druck auf ihr reformiertes Glaubensbekenntnis zu entkommen suchen: in die Pfalz, zum Niederrhein, nach Brandenburg oder, wie Trochas Urgroßvater, ins Schlesische. Großvater Trocha findet dann sein Auskommen als Domestique eines normannischen Grafen, als Kutscher und Diener des gnädigen Herrn, bringt es im Exil immerhin zu einem eigenen Häuschen für die siebenköpfige Familie. Und Vater Trocha wechselt aus dem Dienstbotenstand seines Vaters in das Arbeitsheer der industriellen Revolution: Er geht als Ungelernter zu den preußischen Staatsbahnen, leistet um die Jahrhundertwende bis zu 96 Wochenstunden, um seine elfköpfige Familie durchzubringen.

Vater Trocha arbeitet sich hoch, bringt es zum Weichensteller, schließlich zum Stellwerksmeister, ist nun preußischer Beamter im einfachen Dienst. Er unterliegt damit dem preußischen Beamtenrecht, das bald gegen ihn verwandt wird: Als es zu einem Konflikt mit einem Bahnmeister kommt, wird er, kurz vor Ausbruch des Ersten Weltkrieges, ins Dreiländereck Preußen-Österreich-Rußland strafversetzt, muß das ererbte Häuschen zurücklassen. Und »weil es ja eine Strafe sein sollte«, pendelt er täglich vier Stunden zwischen seiner Dienstwohnung und seinem Arbeitsplatz in der österreichischen Provinz Galizien hin und her. Das Kriegsende verschlägt die Trochas durch erneute Versetzung des Vaters ins Ruhrgebiet, nach Duisburg. Sohn August hat schon ausgelernt, fängt 1920 als Schlosser bei der Reichsbahn an. Nicht etwa, weil er in der Tradition seines Vaters bleiben will, sein Motiv ist so einfach wie einleuchtend: Die Reichsbahnwerkstätte liegt direkt neben der elterlichen Dienstwohnung – so kann er quasi »in Unterhosen arbeiten gehen«, das »Angenehmste, was man sich vorstellen kann«.

Der junge August Trocha tritt 1922 in der KP-Hochburg Duisburg-Wedau dem freigewerkschaftlichen »Deutschen Eisenbahner-Verband« bei. Fünf Jahre später wird er ein so tiefgreifendes Schlüsselerlebnis haben, daß er sich bedingungslos der Arbeiterbewegung verschreibt. Und dieser Weg wird ihn in der NS-Zeit in Gestapohaft, ins KZ, ins Zuchthaus, schließlich ins Strafbataillon bringen.

KAPITEL 2

Wurzeln der »Menschwerdung«

Im September 1920 tagt in Dresden der freie »Deutsche Eisenbahner-Verband« (DEV); auf der Tagesordnung der außerordentlichen Generalversammlung stehen vordringlich Satzungsfragen. Die Berliner Vertreter der Reichsbahn-Lehrlinge fordern eine eigene Jugendsatzung und die Schaffung einer eigenständigen Jugendsektion, legen hierzu eine Zeitschrift vor, die diese Forderungen offensiv vertritt: »In unserem ungestümen Jugenddrange blieb es uns nur zu oft unbegreiflich, (...) daß man vielerorts tatenlos zusah, wie unsere so unterstützungsbedürftige Jugend im steten Auf und Ab sich mühte, Wurzel zu fassen, vorwärtszukommen.« Denkt man sich die Frakturschrift dieses Leitartikels weg, entfernt man die Patina, die nach fast siebzig Jahren auf diesen Sätzen haftet, so sind sie dennoch nicht übertragbar in einen Leitartikel, den Gewerkschaftsjugendliche der achtziger Jahre verfassen würden. Denn die Gewerkschaftsjugend der zwanziger Jahre schließt ihren Appell mit der Bitte: »Ihr älteren Kollegen, helft uns, auf daß wir Menschen werden, Menschen, die jederzeit gerüstet sind, ihre Rechte zu erkämpfen und zu wahren, die dereinst imstande sind, Hüter zu sein der höchsten Güter des Proletariats!«

»Wurzel« und »Menschwerdung«: Zwei Begriffe, die das Verhältnis der Generationen dieser Zeit, in der Arbeiterbewegung zumal, charakterisieren. Die Wurzel reicht tief in die Vergangenheit, die Menschwerdung weist in die Zukunft: Tradition und Fortschritt, das sind die Eckpfeiler dieser Arbeiterbewegung der zwanziger Jahre. Die natürliche Aufeinanderfolge der Generationen bestimmt den politischen Tritt, die persönliche wie die sachliche Autorität des

Älteren wird vom Jüngeren vorbehaltlos anerkannt. Und so hat in dieser Ausgabe des »Lehrling im Eisenbahnerdienst«, die doch eine dringliche Forderung der Jugend durchsetzen soll, ein älterer Kollege das letzte Wort: »Wer jung ist und das Leben noch vor sich hat, (...) nützt seine Jugend oftmals nicht aus, hat nicht das Verständnis für die Saat, die eine liebe Mutter oder auch der meist von Alltagssorgen geplagte und vorzeitig zermürbte Vater versucht in ihn hineinzupflanzen (...). Darum, junge Kollegen, nützt die Zeit der Saat. Nützt sie aber nicht nur, um ein tüchtiges Fach zu lernen, nützt sie auch, um ein Mensch zu werden!«

Wer sind denn die Vorbilder dieser jungen proletarischen Generation? Eine wohl überflüssige Frage, meint der Mainzer Paul Distelhut, Jahrgang 1914, und stellt klar, »daß das Elternhaus bestimmend war« für die Menschwerdung seiner Altersgenossen (später wird man es einmal »Sozialisation« nennen). Als besondere und prägende Eigenschaften seiner eigenen Eltern nennt er »Haltung, Entfaltung und Standhaftigkeit«, politisch wie privat. Auch Gretel Schneider fallen dazu zuallererst die Eltern ein; sie wird »nie vergessen, wie mein Vater entlassen worden ist und hat die Papiere mitgebracht: Wie meine Eltern dagestanden haben!« Oder der Hamburger Hermann Griebe, Jahrgang 1916, der schon früh zu seinen Großeltern kommt: »Mein Großvater war Landwirt und hat schwer arbeiten müssen. Ich habe nie gesehen, daß er betrunken von der Arbeit kam. Meine Großmutter hatte das Kommando, guckte bei der Lohntüte genau hin. Gelebt haben wir gut: Ich habe nicht hungern brauchen. Die Großeltern haben von ihrem bißchen Geld ein Haus gebaut. Alles wurde gespart, nichts weggeworfen. Sie waren Vorbilder in ihrer harten Art.«

Sparsamkeit, Nüchternheit, Fleiß, Durchhaltevermögen, Standhaftigkeit – Eigenschaften, die das Arbeiterkind dieser Zeit im elterlichen oder auch großelterlichen Haus erlebt und an denen es sich orientieren will. Werte, die sich auf dem Nährboden ökonomischen Mangels und politischer

Repression entwickeln, die bitter nötig sind, um den Alltag durchzustehen. Doch mit dem allzu frühen Eintritt ins Arbeitsleben verändern sich die sozialen Bezüge und mit ihnen die Vorbilder: Die Alltagstugenden allein reichen den Jugendlichen, die zu früh erwachsen werden müssen, nicht mehr aus; brillantere Eigenschaften sind gefragt: Führungsqualität, Fachwissen, Bildung, Charisma. Den leiblichen folgen die geistigen Väter, stillen den Bedarf an Führung und Leitung: »Bei den Kinderfreunden, bei den Falken, bei der Arbeiterjugend war immer der, der die Gruppe geführt hat, unser Vorbild«, beschreibt Paul Distelhut die verblüffend simple Logik dieser jugendlichen Orientierung, »sonst hätten wir ihn ja nicht akzeptiert.« Eine Logik, die sich allzuleicht ins Gegenteil verkehren kann: »Wer führt, ist Vorbild, weil er führt« – eine Erbkrankheit aller Hierarchien.

Willi Komorowski, »der kölsche Arbeiterjung«, muß sich nach dem frühen Tod seines Vaters auf eigene Füße stellen, findet in seinem Lehrgesellen Max Pester bald jemanden, zu dem er wieder »aufschauen (kann) wie zu meinem Vater«. Max Pester bringt ihm bei, was er für seine Arbeit zu wissen hat und mehr: Er impft dem fünfzehnjährigen Maschinenschlosserlehrling gewerkschaftliches Bewußtsein ein, das ein Dreivierteljahrhundert halten wird. Vor allem eine Eigenschaft zieht den jungen Eisenbahner immer wieder in ihren Bann: die Begabung mancher Gewerkschaftsfunktionäre, mit Menschenmassen umgehen zu können und sie zu agitieren. »Beweglichkeit« und »Fingerspitzengefühl« attestiert er seinen Vorbildern wie etwa dem Bezirksleiter Konrad Roth, und wenn eine Eigenschaft ihn zum eingeschworenen Gefolgsmann macht, dann ist es die Fähigkeit zur freien Rede. Hans Jahn, der ein Jahrzehnt später den Widerstand der Eisenbahngewerkschafter gegen die Nationalsozialisten koordinieren wird, bleibt ihm vor allem deshalb in bleibender Erinnerung: Bei einem Besuch des Ausbesserungswerks Nippes klettert er in Sporthemd, Knickerbokkern und Wanderschuhen auf die Reparaturbühne und zieht die Betriebsversammlung in seinen Bann: »Dann fing er an loszudonnern! Der konnte aus einem I ein Ypsilon machen, und das wußte nachher keiner mehr. Der hatte eine Menge Menschen hinter sich.«

»Wissen ist Macht« – dieses Wort des sozialdemokratischen Führers Wilhelm Liebknecht wird in dieser Zeit zum Leitwort von Willi Komorowski, der jeden Freitag das »Bildungskomitee« seiner gewerkschaftlichen Ortsverwaltung im Kölner Volkshaus besucht und später im »Freigewerkschaftlichen Seminar« Köln sechs Semester Nationalökonomie »mit Erfolg« absolviert. Es wird zum Leitwort einer ganzen Generation: Die Arbeiterjugend sucht und findet allenthalben Leitfiguren, Leitideen, die das Fundament für spätere gewerkschaftliche, gesellschaftliche und politische Aktivitäten legen. Fritz Dreher, die Halbwaise aus Remscheid, verschlägt sein im evangelischen Waisenhaus erworbener tiefsitzender Atheismus als Vierzehnjähriger zu den Freidenkern, in deren zahlreichen, miteinander konkurrierenden Organisationen in der Weimarer Zeit fast eine Million Menschen, meist Arbeiter ihre geistige Heimat suchen. Unter ihnen Fritz, den es zur Proletarischen Volkshochschule im roten Remscheid zieht: Professor Robert Rösch, ein Düsseldorfer Theologe, der zum Freidenkertum konvertiert und seine Schüler zu Gegnern von Kirche und Kapital zu erziehen sucht, wird für Fritz Dreher zur Lichtgestalt in einer ansonsten freudlosen Jugend.

»Rösch-Indianer« nennt man sie bald in Remscheid, die Jugendlichen in ihren grünen Russenkitteln mit roten Schnüren, den schwarzen Samt- oder Manchesterhosen und den selbstgemachten Jesusschlappen; langhaarig sind sie obendrein. Sie lesen »Das Kapital« und Bebels »Frau im Sozialismus«; »mit dem Seziermesser« legt ihnen der Professor die Strukturen der kapitalistischen Gesellschaftsordnung frei. Und nimmt sie anschließend auf Sozialexkursionen mit, um das Gelehrte durch Inaugenscheinnahme der Wirklichkeit zu vertiefen. Fritz lernt auf einem solchen Ausflug in die Niederungen der frühen Weimarer Zeit die Kölner Elendsprostitution kennen, eignet sich auf diesem Umweg die sexuell rigiden Ideale der Nacktkultur an – auch sie gehört zum freigeistigen Lebensentwurf des verehrten Professors. Vor allem aber will Rösch seine Anhänger »nicht zu Schreiern, sondern zu einer geistigen Elite« formen, läßt sie Aufsätze schreiben, Volkslieder lernen, eigene Zeitungen auflegen und Theaterstücke einstudieren. Auf einer großen Freilichtbühne mit selbstgezimmerten Sitzen führen die Rösch-Indianer dann klassenkämpferische Stücke wie das Bauernkriegsdrama »Thomas Müntzer« oder »Der arme Conrad« auf. Und als in den USA Arbeiter hungern, üben sie internationale Solidarität, sammeln für die Quäkerspeisung, verkaufen Messingbroschen, die von einer aufgehenden Sonne geziert sind. »Wir waren Idealisten«, erinnert sich Fritz Dreher an diese wohl schönste Zeit seines Lebens, »mit großem Bedürfnis nach Harmonie.« Und: »Die Freundschaften von damals haben Jahrzehnte gehalten.«

Der Theologe Professor Rösch zählt wie viele Köpfe der Arbeiterbildungsbewegung zum Bildungsbürgertum; in späteren Analysen wird die Arbeiterbildung der Weimarer Zeit oft als uneheliche Tochter der bürgerlichen Aufklärung bezeichnet. Nicht ganz ohne Grund: Von 1919 an etwa, in der nachrevolutionären Zeit, zerbricht sich allerorten das Bürgertum den gebildeten Kopf über den Bildungsbedarf und die Bildungsfähigkeit der arbeitenden Bevölkerung. Robert von Erdberg etwa, Vertreter der Erwachsenenbildungsvereinigung »Hohenrodter Bund«, kritisiert das »Genügen am Schein, am toten Besitz« in der freien Volksbildung; »nicht inneres Ergriffensein und innere Bewegung wurden gesucht«, schreibt er 1921, »sondern unproduktives geistiges Kapital wurde aufgespeichert«.

Die Erfahrung des Fritz Dreher spricht gegen diese Kritik; dennoch entbehrt sie nicht gewisser Berechtigung: Junge Arbeiter, die in ihrer kurzen Schulzeit nicht einmal das Nötigste lernen konnten – »mit einer Ausnahme: die Bibel, den

Katechismus« merkt hier Willi Komorowski an – stillen ihren Bildungshunger mit allem, was freie oder proletarische Volkshochschulen anzubieten haben, sei es Astronomie oder kaufmännisches Rechnen, Botanik oder die Geschichte der Arbeiterbewegung. »Wissen ist Macht«: Das heißt für viele erst einmal, daß man etwas lernt, ungeachtet dessen, was man eigentlich lernt. Und ihre bürgerlichen Lehrer wie etwa Theodor Bäuerle, gleichfalls vom Hohenrodter Bund, begrüßen diese Abkehr von der reinen politischen Schulung: »Die Ausschaltung des geistigen Interesses (...) sowie die Hilflosigkeit des einzelnen hat dem Arbeiter als einzigen Rückhalt die organisierte Masse, als einziges Ziel die Umgestaltung des Zusammenlebens gelassen«, beklagt er 1924 in seiner programmatischen Schrift »Arbeiterbildung«, »die durch Industriearbeit bedingte geistige und seelische Unterernährung des Arbeiters hat zu einer geistigen und seelischen Verkümmerung geführt.« Er möchte wie viele seiner Kollegen die Arbeiter »von den Fesseln einer äußerlich materialistischen Einstellung (...) befreien«, durch Volksbildungsarbeit »die Befreiung des Menschen im Arbeiter« erreichen.

Doch an den Bedürfnissen der politischen unter den bildungshungrigen jungen Arbeitern denken diese Ziehväter der Volksbildung längst vorbei; ihr idealistischer, am ganzheitlichen Menschenbild orientierter Bildungsansatz wird von den Befürwortern einer eigenständigen proletarischen Arbeiterbildung als »neuromantisch« abgetan. »Bildung«: Das ist für die organisierte Arbeiterschaft nach dem Weltkrieg auch und vor allem die Fähigkeit, sich mit den ökonomischen Verhältnissen auseinandersetzen zu können, ihre Erkenntnisse in politische Forderungen umsetzen und diese Forderungen in ihre jeweilige Organisation einbringen zu können. Ein Artikel des »Lehrling im Eisenbahnerdienst« von 1920 macht hier eine interessante Unterscheidung zwischen »Kenntnissen« und »Bildung«: »Es ist noch lange keine Gewähr dafür gegeben, zielsichere und resultatkräftige

Arbeit nur mit Bildung zu leisten; denn auch die Kenntnisse sind sehr notwendig, um alles erfolgreich zu Ende zu führen.« Zudem beklagt der Verfasser, daß manche Gewerkschafter den Standpunkt verträten, »daß Politik und Wirtschaft zweierlei wären, und daß man beide wichtigen Faktoren nicht durcheinanderbringen dürfe«. Derart »bürgerliche Ideologie« sei das Resultat der »von zu Haus gewohnten Erziehung«; ihr könne nur mit einer einheitlichen, straffen Bildungsstrategie begegnet werden. Nur so sei »dem gesamten Jungproletariat eine Gewähr dafür zu bieten, eine sichere und feste Organisationsform aufgehen zu sehen, die dem Sturm und Hagelwetter Trotz bietet«.

In der zweiten Hälfte der Weimarer Republik wird die Kommunistische Partei diese reine Lehre der Arbeiterbildung in straff organisierte Kaderschulung ummünzen und sich von der »bürgerlichen Bildungsarbeit« der Sozialdemokratie und der Mehrheitsgewerkschaften scharf abgrenzen. Doch in der jungen Republik, die die Träume der Räterevolution noch nicht ganz begraben hat, vertritt noch die ganze Arbeiterbewegung die Politisierung der Arbeiterbildung; die Ziehkinder der Volksbildung befreien sich zunehmend von ihren bürgerlichen Vormündern. Parteien und Gewerkschaften übernehmen die Bildungsarbeit, flankiert von ihnen wesensverwandten oder doch mit ihnen sympathisierenden Organisationen: Die »Naturfreunde« etwa, eine sozialistische Wanderbewegung, geht mit der Arbeiterjugend ins Grüne, schreibt sich deren körperliche und geistige Ertüchtigung auf den Schild; die »Kinderfreunde« organisieren während der Schulferien sogenannte »Kinderrepubliken«, Zeltlager, in denen demokratische Lebensformen eingeübt werden sollen. Und die »Gemeinschaft proletarischer Freidenker« macht den Schritt vom Kirchenkampf zum Klassenkampf, löst sich damit von den hehren, idealistischen Zielen des ursprünglichen Freidenkertums. Auch Fritz Dreher landet durch die Proletarische Volkshochschule des Professor Rösch folgerichtig in der kommunistischen Jugend.

Nährboden Arbeitersport

Aus dem Jahre 1924 stammt ein Bilddokument des Mainzers Paul Distelhut: Der gerade Zehnjährige sitzt im Kreis von Naturfreunden auf einem abgeschliffenen Felsblock; die erwachsenen Begleiter haben ihre Hemdkragen weit über die Schultern geschlagen, tragen Bundhosen und Schnürstiefel, Spazierstöcke und Feldstecher. Die so malerisch posierende Gruppe genießt offensichtlich ihren Ausflug ins Felsenmeer im Odenwald; für die kurzbehosten Kinder und Jugendlichen ist dieser Ausflug ein Schritt mehr in eine sozialdemokratisch-gewerkschaftliche Identität. Viele Lebensläufe dieser Jahre beginnen wie der des Paul Distelhut: Jahrgang 1914, gelernter Schriftsetzer, Arbeiterhaushalt, Kinderfreunde, Falken, Arbeiterjugend, Naturfreunde, Gewerkschaft, SPD. Oder auch wie der des Willi Komorowski: Jahrgang 1906, gelernter Schlosser, Arbeiterhaushalt, Gewerkschaftsjugend, freies gewerkschaftliches Seminar, Wirtschaftsseminar, Arbeiterwassersport, Arbeiterturnverein, Arbeitersportbund, Eiserne Front ...

Die Arbeiterturn- und -sportvereine: Das sind in der Weimarer Zeit die eigentlichen Kaderschmieden für spätere Funktionäre der Arbeiterbewegung. Nicht umsonst läßt Bertolt Brecht in seinem 1931 gedrehten, zensierten und verbotenen Film »Kuhle Wampe« die Arbeitersportler in einer entscheidenden Szene aufmarschieren, nicht umsonst stilisiert er die Radfahrer, Schwimmer, Ruderer und Boxer zur Speerspitze der Arbeiterbewegung. Denn die Arbeitersportler sind mit der politischen Arbeiterkultur dicht verwoben; die Sportvereine schaffen ein dichtes Organisationsnetz, das sich Parteien und Gewerkschaften zunutze machen, wenn es gegen politische Fehlentwicklungen zu mobilisieren gilt. Sport vereint in fast idealer Weise die Werte des Industrieproletariats: aktive Freizeitgestaltung, Naturverbundenheit, Ausgleich für den Arbeitsalltag, Gemeinschaftsgeist, Bewegung und Fortschritt, kollektives

Willi Komorowski im Arbeiter-Turn- und Sportbund Köln-Nippes, ca. 1925 (links v. d. Leiter).

Paul Distelhut mit Naturfreunden im Felsenmeer, 1924 (2. Reihe v. oben: 3. v. links.).

Streben nach Anerkennung und Sieg; schließlich auch: Internationalismus.

Im Juli 1922 tritt die deutsche Arbeitersportbewegung in Leipzig erstmals mit einer Großveranstaltung an die Öffentlichkeit. Von den 100 000 Teilnehmern dieses »1. Deutschen Arbeiter-Turn- und Sportfestes« kommen allein 15 000 aus dem Ausland, aus den USA etwa, aus Belgien, Frankreich oder Finnland. Leichtathletik, Schwimmen und Ringen stehen auf dem Programm, vor allem aber Massengymnastik prägt das Bild der Leipziger Tage. Willi Komorowski ist als Sechzehnjähriger mit der »Freien Turn- und Sportvereinigung Köln-Nippes« dabei, turnt auch in den Folgejahren auf internationalen Sportfesten, nimmt 1925 und 1927 an den Arbeiter-Olympiaden in Frankfurt und Prag teil. Nicht allein wegen der Leibesertüchtigung bleibt er bis 1933 dem Arbeitersport verhaftet; die Schulen für Arbeitersportler in Köln und Leipzig – dort lernt er als Lehrer den Vater der späteren SPD-Spitzenpolitikerin Annemarie Renger kennen – bieten ihm überdies die Chance, die Wissenslücken zu füllen, die die allzu knappe Volksschulzeit bei ihm hinterlassen hat. »Wir fühlten uns verpflichtet, uns zu schulen«, erinnert sich Willi Komorowski, »im Gegensatz zur früheren Volksschule, und wir waren bestrebt, nach dem Motto ›Wissen ist Macht‹ die schulischen Möglichkeiten, wo es sie gab, zu nutzen.« Und er setzt die Weiterbildung um, wird schon früh Funktionär und Jugendleiter des »Deutschen Eisenbahner-Verbandes« (DEV), Betriebsrat, Vorsitzender des SPD-Unterbezirks Köln-Nippes; auf dem Nährboden des Arbeitersports wachsen ihm immer neue politische und gewerkschaftliche Funktionen zu.

August Trocha, der Duisburger aus dem kaiserlich-preußischen Elternhaus, ist in der ersten Hälfte der zwanziger Jahre zwar schon gewerkschaftlich organisiert, schnuppert im Zither- und Mandolinenclub die Luft der Arbeiterkultur, doch erst 1926 kommt er nach eigenem Bekunden »richtig hinein in die Arbeiterbewegung«: Die Teilnahme am Internationalen Arbeitersportfest in Wien wird zum Schlüsselerlebnis des nunmehr zweiundzwanzigjährigen Reichsbahnschlossers. Denn auf einer Parallelveranstaltung zum Sportfest im Wiener Ratskeller, einer Kundgebung des sozialistischen Studentenbundes unter Führung des späteren Frankfurter Oberbürgermeisters Walter Kolb, bekommt er eine Broschüre in die Hand, die ihn noch nach über sechzig Jahren ins Schwärmen kommen läßt: »Die sozialistische Gemeindeverwaltung« heißt diese Schrift, verfaßt von Robert Danneberg, und schilderte die kommunale Wohnungsbaupolitik des sozialistischen Wien. Hochmoderne Arbeitersiedlungen sind hier entstanden, Reihenhäuser mit Bad und »großstädtischem Komfort«, und dies zu Mieten, die um mehr als die Hälfte unter der seiner elterlichen Wohnung in Duisburg liegen. »Wirklich erhebend« nennt er diese Erfahrung mit praktischer, sozialistischer Kommunalpolitik, zählt bewundernd die Aufbauleistungen der Wiener nach dem Ersten Weltkrieg auf: »Die haben sich selber geholfen, haben die Wälder aufgekauft, Sägewerke und Zementfabriken aufgebaut, und dann haben sie diese Gemeindewohnungen errichtet. Erst waren es zweckgebaute Wohnungen, und dann wurden sie richtig nobel; nur die rechten Großdeutschen verketzerten diese Wohnungen.« Als Trocha Wien verläßt, ist er »überzeugter Gewerkschafter und Sozialdemokrat«, tritt der SPD bei und später den Schutzbündnissen der Arbeiterbewegung, dem Reichsbanner und der Eisernen Front. Und noch etwas bringt er mit vom Internationalen Arbeitersportfest in Wien: seine Frau, Tochter eines österreichischen Eisenbahners.

KAPITEL 3

Kämpfe und Wanderschaften

Das Alter sieht man ihnen an: brüchig, eingerissen, vielfach geflickt das holzhaltige, vergilbte Papier; stark verblaßt, an vielen Stellen unleserlich die Durchschläge dieser maschinengeschriebenen Blätter. Stempel und Unterschriften allerdings geben Auskunft über den Charakter der beiden Dokumente: »Armée du Rhin – conseil de guerre en quartier général« ist das eine gestempelt, ein »M. Surville, comissaire spécial de la sûrete à Mayence« hat am 3. Mai 1923 schwungvoll unterzeichnet. Auf den 13. Juli 1923 ist das zweite Dokument datiert, diesmal von »Le Général Commandant la Place de Mayence« gestempelt und unterschrieben; die Signatur läßt sich nicht entziffern.

Erstaunlich, wie faßbar längst vergangene Vergangenheit wird, wenn man bröckelnde, halb zerfallene Dokumente in den Händen hält, Dokumente, die von Menschen verfaßt wurden, um gewaltsam in das Leben anderer Menschen einzugreifen. Diese beiden aus dem Privatbesitz des Mainzers Paul Distelhut, französisch das eine, zweisprachig das andere, belegen eine Ausnahmesituation in linksrheinischen Gebieten, die ob ihrer unmittelbaren Nachbarschaft zu Belgien und Frankreich Ausnahmesituationen gewohnt sind. Hier wird, im Jahr 1923, Militärgerichtsbarkeit geübt. Das erste Dokument, verfaßt vom Kriegsrat des Hauptquartiers der Rheinarmee, unterschrieben vom Sicherheitskommissar für Mainz, listet auf drei Seiten eine Reihe von Verstößen gegen französische Besatzungsstatuten auf, spricht hohe Haft- und Geldstrafen aus. Das zweite Dokument, signiert von einem General und Ortskommandanten von Mainz, weist einen Mainzer Bürger aus seiner Heimatstadt aus. Französische Besatzer, unterstützt von Infanterie, Artillerie und Panzern sprechen im Ausnahmezustand Ausnahmerecht. Ein Bild vor allem illustriert die Lage im besetzten Gebiet an Rhein und Ruhr des Jahres 1923, findet sich später in den Geschichtsbüchern wieder: Ein schnauzbärtiger Soldat mit Stahlhelm, langem Militärmantel und Wickelgamaschen bewacht mit aufgepflanztem Bajonett einen Zug mit Kohlebriketts. Diese sogenannte Ruhrkrise erschüttert die Weimarer Republik in ihren Grundfesten; politische Trittbrettfahrer nutzen in den Monaten danach die desolate Lage, versuchen einen Putsch von rechts, wie Adolf Hitler in München, die Übernahme der Regierungsgewalt von links, wie die sächsischen Kommunisten oder die Abspaltung vom Reich, wie die rheinischen Separatisten, die in Aachen eine eigene Republik ausrufen. Als sich das Jahr 1923 seinem Ende zuneigt, ist die junge Republik mit knapper Not am Bürgerkrieg vorbeigekommen.

Der Anlaß dazu liegt knapp vier Jahre zurück: Am 28. Juni 1919 hatten die Deutschen den »Versailler Vertrag«, einen von den Siegermächten diktierten Friedensvertrag unterzeichnet. Das linksrheinische Gebiet von Emmerich/Wesel im Norden bis zur Pfalz im Süden, dazu ein ca. 50 Kilometer breiter, rechtsrheinischer Korridor (Köln, Koblenz), wurde unter das Kuratel französischer Besatzungstruppen gestellt. Zudem schrieb der Vertrag die Alleinschuld am Ersten Weltkrieg den Deutschen zu und legte deshalb Reparations- sprich Wiedergutmachungszahlungen an die Siegermächte fest. Jährliche Geld- und Sachleistungen in Milliardenhöhe, fortgeschrieben bis ins Jahr 1964, drückten die Republik in den Folgejahren, ließen den Versailler Vertrag in den Köpfen und Reden vieler Deutscher bald zum »Schandvertrag« werden.

Im Januar 1923 nimmt Frankreich ausstehende Kohlelieferungen zum Anlaß, das Deutsche Reich des Vertragsbruches zu bezichtigen, besetzt mit eigenen und belgischen Truppen einen Großteil des Ruhrgebietes. Dieser Affront eint vorübergehend alle Betroffenen: Regierung und Volk, Großindustrie und Arbeiterbewegung erklären sich solidarisch mit dem besetzten Ruhrgebiet. Dennoch lehnt eine im Januar in Elberfeld einberufene Konferenz aller freien Gewerkschaften »jegliche Beteiligung an nationalistischen und chauvinistischen Bestrebungen« ab; sie wollen die Krise bewältigen, ohne wie andere ihr großdeutsches Süppchen darauf zu kochen. Als die Regierung des parteilosen Reichskanzlers Cuno zum passiven Widerstand aufruft, kann sie sich des Rückhalts der ganzen Bevölkerung, wenn auch aus den verschiedensten Motiven heraus sicher sein.

An der vordersten Ruhrfront stehen die Bergarbeiter, die die geforderte Kohle zu fördern und die Reichsbahner, die die geförderte Kohle zu befördern haben. Das Reichsverkehrsministerium und die Eisenbahngewerkschaften ziehen an einem Strang: Minister Gröner verbietet per Erlaß allen Eisenbahnern, die Anordnungen der Besatzer zu befolgen, droht bei Zuwiderhandlung mit »schwerste(r) Disziplinarbestrafung, insbesondere Dienstentlassung sowie gerichtliche(r) Verfolgung«, sichert gleichzeitig allen »durch die Maßnahmen der Franzosen und Belgier betroffenen Eisenbahnern und ihren Familien (...) vollen Schadenersatz« zu. Und der Erste Vorsitzende des Deutschen Eisenbahner-Verbandes (DEV), Franz Scheffel, prangert die »Barbarei des französisch-belgischen Militarismus« an, appelliert an die »Kollegen in der gefährdeten Zone, (...) die bisher mustergültige Haltung auch fernerhin zu bewahren«. Hilfe und Schutz der Organisation seien ihnen sicher.

Die Unterstützung tut bitter not, denn die Besatzer schleusen 11 000 französische Eisenbahner als Streikbrecher ein, antworten zudem mit drakonischen Strafen auf den um sich greifenden passiven Widerstand in Ruhrgebiet und Rheinland: Geldstrafen, Zuchthausstrafen, in schweren Fällen auch der Tod drohen allen denen, die Kohletransporte nach Frankreich oder Belgien behindern. Vor allem aber nutzen sie das klassische Instrument von Besatzungsmächten, weisen immer mehr Eisenbahner der Reichsbahndirektionen Münster, Essen, Köln, Elberfeld, Trier, Ludwigshafen und Mainz in das unbesetzte Reichsgebiet aus. Mit ihren Habseligkeiten müssen in den Folgemonaten fast 150 000 Menschen, oft innerhalb weniger Stunden, die französische Zone verlassen.

Die Gewerkschafter trifft es zuerst, so auch die neunzehnjährige Gretel Schneider, kaum ein Jahr Mitarbeiterin im Mainzer Büro des Deutschen Eisenbahner-Verbandes: Sie wird ins unbesetzte Darmstadt ausgewiesen. Die Gewerkschaft holt sie bald darauf nach Frankfurt, weist sie in konspirative Tätigkeiten ein. Mit gefälschtem Einreisestempel überquert sie bei Griesheim die Zonengrenze, schmuggelt Kassiber ins besetzte Gebiet: »Da hat es geheißen, es müßte irgendwas nach Mainz gebracht werden«, erinnert sie sich an einen ihrer Aufträge, »und ich war die Dumme. So ein Zettelchen wurde in den Rockbund genäht. An der Grenze (...) hatte ich doch ein bißchen Angst – da war ein schwarzer Soldat, da haben viele Franzosen gestanden. So habe ich noch mehr Sachen machen müssen.«

Schmuggel und Konspiration

Noch mehr Sachen: Das sind vor allem Transporte von Lohngeldern für die Eisenbahnerkollegen an Rhein und Ruhr. Denn die Franzosen requirieren nicht nur Kohle, Holz und Transportmittel, sie beschlagnahmen auch Steuergelder, Zölle und Löhne. Gretel Schneider leitete mit einem Vertreter der Reichsbahndirektion Frankfurt die illegalen Geldtransporte, bringt säckeweise, unter die Autokarosserie gebunden das oft frisch gedruckte Geld über die Grenze. Denn die Notenpressen laufen heiß, immer mehr Geld muß in die bestreikten Besatzungsgebiete geschleust, immer mehr Kohle für das von der Ruhrkohle abgeschnittene Reichsgebiet gekauft werden. Die Grenzgängerin Gretel

Schneider, die bündelweise Inflationsgeld unter ihren Kleidern schmuggelt, weiß im nachhinein, daß sie »ständig auf einem Pulverfaß gesessen« hat; denn als im Oktober 1923, nach Beilegung der Ruhrkrise, ihr Mainzer Gewerkschaftsbüro wieder öffnet, zeigt ihr ein französischer Besatzungssoldat einige Schnappschüsse, die sie auf verschiedenen Stationen ihrer Kurierfahrten zeigt. Warum die Indizien dieser Überwachung nicht zu einer Verurteilung ausreichen, bleibt bis heute unersichtlich. Konrad Roth, der von Gretel Schneider so verehrte Bezirksleiter des Direktionsbezirkes Mainz jedenfalls wird mit siebzehn Kollegen vor die Schranken eines französischen Militärgerichts geladen und wegen passiven Widerstandes zu zwölf Jahren Gefängnis verurteilt. Er braucht nur ein Jahr abzusitzen, wird 1924 begnadigt und mit dem Wiederaufbau des Mainzer Bezirks betraut. Vier Jahre später wird er den Bezirk Köln leiten und von Willi Komorowski ähnlich bewundert werden wie vordem von seiner Mitarbeiterin Gretel Schneider.

Auch Willi Komorowski, Lehrling im Reichsbahn-Ausbesserungswerk Köln-Nippes, wird von Betriebsratskollegen in die Versorgung der streikenden Kollegen an der Ruhr mit eingespannt. Er zählt und bündelt in der Pförtnerloge große Haufen von Lohngeldern – »Woher sie kamen, weiß ich nicht« –, dreht sie in Packpapier und verstaut sie in einem Rucksack, den ein Kollege dann ins Ruhrgebiet schmuggelt. Fünfzehn Tage, entsinnt er sich, sei dieser Kollege von der Lehrwerkstätte freigestellt worden. Und: Als Verteilerstelle für diese Gelder habe Köln-Nippes eine zentrale Rolle gespielt.

So formt sich aus einzelnen Erinnerungen allmählich eine erkennbare Logistik dieser Geldtransporte: Die Gewerkschaftsangestellte Gretel Schneider bringt im Auftrag der Reichsbahn Lohngelder über die Zonengrenze, der Lehrling Willi Komorowski sitzt in Köln am Verteiler, sein Kollege übernimmt den Weitertransport ins Ruhrgebiet. Und dort, in Duisburg etwa, sorgt der Reichsbahnschlosser August

Trocha dann für die Endverteilung: »Wir kamen an einer bestimmten Stelle zusammen, die bis zuletzt geheimgehalten wurde. Und dann kriegte man eine Liste, um den und den Kollegen mit Geld zu bedienen, und dann brachte man die Listen wieder zurück. So wurde damals gegen die Besatzung gearbeitet.« August Trocha erlebt noch mehr als nur passiven Widerstand in diesem heißen Frühjahr 1923; im März bilden sich überall Sabotagetrupps, die Kohle- und Stahltransporte entgleisen lassen. Im gleichen Monat läßt ein französischer Offizier im benachbarten Essen auf Krupp-Arbeiter schießen, die ihre Arbeitsplätze verlassen haben; es gibt dreizehn Tote.

Die französische »Regie«, die die Verwaltung der Reichsbahn in ihrer Zone übernommen hat, reagiert mit Massenentlassungen auf die Zunahme des passiven und aktiven Widerstandes. August Trocha sucht sich eine Arbeit bei Thyssen, überholt am Hafen Gleise und Verladebrücken. »Reine Zweckarbeit, um die Leute zu beschäftigen«, sei es gewesen, da der ganze Betrieb wie die meisten im Revier »praktisch stillgelegt« worden war. Und so entsinnt sich der gelernte Schlosser einer alten Handwerkstradition, geht mit einem Kölner Kollegen auf die Wanderschaft, in Sporthose und Kniestrümpfen, den Rucksack auf dem Rücken. Bergisches Land, Sauerland, Detmold/Lippe, Schallenbruch/Niedersachsen, Weserbergland, Bremen sind die Stationen seines dreimonatigen Fußmarsches, mit kurzen Unterbrechungen dort, wo es für Essen und Zehrgeld etwas zu arbeiten gibt: Eine »heilsame Erfahrung« für den Großstädter, der erstmals »Land und Leute kennenlernen« kann. Doch als der Freund in Bremen erkrankt und Trocha aus der Zeitung erfährt, daß die Ruhrbesetzung beendet ist und die Reichsbahnverwaltung wieder in deutsche Hände übergeht, wird es für ihn »Zeit, nach Hause zu kommen«.

Illegal natürlich: Sein Personalausweis war beim Verlassen der französischen Zone von den Besatzern einbehalten worden. Immer wieder muß der junge Grenzgänger im Schutz von Kornfeldern abwarten, bis sich in den Kontrollgängen der französischen Doppelposten eine Lücke auftut; im Rhythmus der Patrouillenwechsel nähert er sich seiner Heimatstadt. Dort verhilft ihm dann sein Vater über die zuständige Bürgermeisterei zu neuen Personalpapieren. August Trocha meldet sich bei der Reichsbahn zurück.

Doch im Oktober 1923 sind die Versprechungen der Regierung Cuno, das Reichsbahnpersonal für die aus dem passiven Widerstand »erwachsenden Nachteile schadlos (zu) halten«, längst vergessen; die neue Regierung des Reichskanzlers Stresemann, eine große Koalition der Mitte mit den Sozialdemokraten, entläßt insgesamt 58 000 Eisenbahner, die noch während der Besatzungszeit von den Franzosen geschaßt und nicht wieder eingestellt worden waren. Auch August Trocha wird ein Opfer dieser durch Ruhrkampf und Inflation legitimierten Reichsbahnsanierung; ein Abteilungsleiter des Ausbesserungswerkes, der es unter den Franzosen zum Direktor der »Regie« gebracht hatte, weist ihm die Tür: »Hier kommt niemand mehr rein«, antwortet er Trocha auf dessen Vorhaltung, er »folge nur der Verordnung der Reichsregierung, uns wieder bei unseren Arbeitsplätzen zu melden«. Doch der Abgewiesene läßt nicht lokker; als der Werkdirektor wenig später abgelöst wird, schreibt er dessen Nachfolger einen bösen Brief, weist darauf hin, daß die Kollaborateure mit der Besatzungsmacht ihre Arbeitsplätze behalten hätten, während die vornehmlich jungen, unverheirateten Widerständler auf der Straße lägen. Trochas Beharrlichkeit setzt sich durch; im Winter 1923 hat die Dienststelle Duisburg ihren Schlosser wieder.

Zeit der Wanderarbeiter

Nicht nur im Ruhrgebiet, sondern im ganzen Reich lösen Ruhrkrise und Inflation Turbulenzen auf dem Arbeitsmarkt aus; doch den Kern einer regelrechten Wanderbewegung bilden jugendliche Arbeitslose aus dem Revier. Remscheid etwa bietet nach Massenentlassungen bei Mannesmann und den Alexanderwerken, die Stahlrohre ziehen, außer Notstandsarbeiten kaum noch Arbeitsplätze. Fritz Dreher verdient sich in dieser Zeit seinen knappen Lebensunterhalt durch das Entschlammen von Teichen; Tariflohn und Überstundenregelungen spielen hier keine Rolle: Für bis zu 72 Arbeitsstunden wird er mit wöchentlich 20 Reichsmark entlohnt; Facharbeiter verdienen drei- bis viermal soviel. Als der Siebzehnjährige auch noch diesen Job verliert, schließt er sich drei Freunden an, um mit ihnen nach Hamburg zu tippeln und dort bei der Handelsmarine anzuheuern. Das Quartett übernachtet in Asylen und Herbergen, auch schon mal im Polizeigewahrsam, übernimmt Aushilfsarbeiten für Handgeld und eine warme Mahlzeit. In der Lüneburger Heide trifft Dreher einen führenden Vertreter der Jugendherbergsbewegung, der eine eigene Herberge aufgezogen hat und auch mit der Freien Volkshochschulbewegung sympathisiert. Der »Rösch-Indianer« fühlt sich sofort heimisch und bleibt länger als geplant bei seinem neugewonnenen väterlichen Freund. Der Traum von der Handelsmarine ist vergessen; nach neun Monaten kehrt Fritz Dreher nach Remscheid zurück. Zu neuen Notstandsarbeiten: als Erdarbeiter und Müllkutscher.

Mehrere Momente spielen zusammen bei den Wanderarbeitern der Weimarer Zeit: Zum einen zwingen wirtschaftliche Krisen wie die der Jahre 1922/23 viele, meist ledige jugendliche Arbeitslose zur Mobilität. Zum zweiten gehören die ursprünglich rein berufsständischen Ideale der wandernden Handwerksburschen – Naturverbundenheit, Weltoffenheit, Ungebundenheit bei gleichzeitiger Einbindung in eine größere Gemeinschaft – längst auch zu den Idealen der Arbeiterbewegung und der ihnen nahestehenden Organisationen. Zum dritten schließlich sind einige Berufsbilder dieser Zeit ohne Wanderarbeit einfach nicht denkbar. Paul Distelhut, der 1929 in der Gutenberg-Stadt Mainz seine Lehre als

Schriftsetzer antritt, erläutert eine Besonderheit dieses Berufsstandes: »Die Buchdrucker waren richtige Wandervögel; ein Drittel war immer auf der Walz.« Die gutorganisierten Facharbeiter können sich das ohne größere soziale Einbußen leisten, denn der Deutsche Buchdruckerverband zahlt wandernden Gesellen im In- und Ausland täglich vier Reichsmark aus. Zwar verlieren sie ihren Anspruch auf den angestammten Arbeitsplatz, doch lernen sie auf ihren Wanderungen so viele Druckereien kennen, daß sie in der kalten Jahreszeit jederzeit einen Arbeitsplatz zum Überwintern finden. »Entweder geht ein Buchdrucker auf die Walz, wenn er fertig ist«, zitiert Distelhut ein Bonmot dieser Zeit, »oder er geht in die Politik und wird Präsident!« Denn Buchdrukker machen nicht selten Karriere, wechseln vom Bleisatzkasten zum Redakteursschreibtisch, übernehmen Spitzenfunktionen der Sozialdemokratischen Partei. Mit den wandernden Arbeitslosen der mittzwanziger Jahre wie August Trocha oder Fritz Dreher allerdings haben diese wandernden Gesellen einer stolzen, gutbezahlten Zunft nur wenig zu tun.

KAPITEL 4
Durchwachsene Zeiten

Für einen Vierundachtzigjährigen ist ein Jahrzehnt nur eines unter vielen: »Die Zeit von 1919/20 bis 1923/24, das ist ja jetzt schon alles ziemlich verdrängt«, stellt August Trocha ernüchtert in seiner Rückschau fest, »1923/24 war es ja ziemlich mies, aber später, so 1925/26 wurde die Wirtschaft neu belebt, und es ging aufwärts bis in die Zeit 1929/30. Ja – und da begann dann auch die Geschichte mit Hitler.«

Private Erinnerung, die mit einfachen Worten die wirtschaftliche Entwicklung der Weimarer Republik und ihre Folgen so genau umreißt, daß auch Historiker es mit wohlgesetzteren Worten nicht besser zu sagen verstünden. »Verdrängt« die ersten Nachkriegsjahre, und das nicht ohne Grund: Zu viele Träume werden geträumt, halten der Wirklichkeit einer Republik nicht stand, in der sich die immer gleichen Interessengruppen mit wechselnden Machtkartellen zu verbinden wissen. Vor allem ein Traum platzt noch im ausgehenden Weltkriegsjahrzehnt wie eine Seifenblase: der Traum von einer sozialistischen Gesellschaft.

Dabei beginnt es so vielversprechend nach den Wirren der Räterevolten und der Konstituierung der Republik. Die Verfassung des Deutschen Reiches, kurz »Weimarer Verfassung«, die am 11. August 1919 vorliegt und drei Tage später in Kraft tritt, gesteht der Bevölkerung bis dato kaum vorstellbare politische Freiheiten und wirtschaftliche Mitbestimmung zu. Laut Artikel 1 »geht die Staatsgewalt vom Volke aus«. Artikel 22 regelt das allgemeine, gleiche, geheime und unmittelbare Wahlrecht für Männer und (!) Frauen ab 20 Jahren. Jedem Bürger wird Meinungsfreiheit (Artikel 118), Versammlungsfreiheit (Artikel 123) und Vereinigungsfreiheit (Artikel 124) zugestanden. Gewerkschaften können gebildet werden (Artikel 159), auch Beamte erhalten das Koalitionsrecht (Artikel 130). Arbeiter- und Wirtschaftsräte »sind dazu berufen, gleichberechtigt in Gemeinschaft mit den Unternehmern an der Regelung der Lohn- und Arbeitsbedingungen sowie an der gesamten wirtschaftlichen Entwicklung der produktiven Kräfte mitzuwirken« (Artikel 165). Und der Artikel 156 schließlich ermöglicht die Sozialisierung privater Unternehmen, wenn es das Gemeinwohl erfordern sollte.

Wo ein Wille ist, ist auch ein Weg. Doch wo es allzu viele Wege gibt, nützt guter Wille allein nur noch wenig. Die Tinte der Paraphen unter der Verfassungsurkunde ist noch nicht trocken, da bricht die Arbeiterbewegung schon in viele Fraktionen auseinander. Wie so vielen ergeht es auch den Eisenbahngewerkschaftern: Sie gründen untereinander konkurrierende Verbände, befehden einander auf das heftigste und sind mit ihren ideologischen Auseinandersetzungen beschäftigt, derweil die Eisenbahnverwaltungen schon die Weichen für eine Politik von oben stellen.

Ein Feld früher Auseinandersetzungen ist die Beamtenvertretung. Der Essener Verbandstag des »Fachverbandes der Weichensteller und Bahnwärter e. V. der Gewerkschaft Deutscher Eisenbahner und Staatsbediensteter« prangert im Juni 1919 den »Terror des Deutschen Eisenbahner-Verbandes« an, beschuldigt diese größte, freie Bahngewerkschaft der »Gesinnungsknechtschaft zugunsten der Sozialdemokratie« sowie der Ablehnung des Beamtenstatus und hält aus diesen Gründen eine Vereinigung beider Organisationen für unmöglich. Der so angegriffene »Deutsche Eisenbahner-Verband« (DEV) hat auf seiner Dresdner Generalversammlung im September 1920 andere Probleme, als sich mit dem berufsständischen Splitterverein auseinanderzusetzen; er müht sich bei der Satzungsberatung vor allem um eine Abgrenzung nach links. Resolutionen mit Klassenkampfvokabular finden noch Zustimmung: »Das Elend des werktätigen

Volkes Deutschlands ist eine Folgeerscheinung des fluchwürdigen Krieges, verursacht durch den internationalen Kapitalismus (...). Wucher und Schiebertum wetteifern miteinander. Auch ist das kapitalistische System am Werk, durch unverantwortliche Ausbeutung die Lebenshaltungen des arbeitenden Volkes zu erschweren. (...) Dem klassenbewußten Eisenbahner einerseits, auch dem gesamten Proletariat der Welt andererseits entbietet der Verbandstag brüderliche Grüße.« Doch wenn es um Satzungsformulierungen geht, werden die Delegierten vorsichtig. Der Änderungsantrag zu Paragraph 2, Absatz 1: »Der Verband steht auf dem Boden des Klassenkampfes. Sein Ziel ist die Beseitigung der kapitalistischen Produktionsweise«, findet keine Gegenliebe; er wird gestrichen. Der dann verabschiedete Paragraph 2 (»Zweck des Verbandes«) läßt schon erkennen, wohin der künftige Weg der Gewerkschaft führen wird – weg vom großen Gesellschaftsentwurf hin zur pragmatischen Tarifpolitik: »Energische, zielbewußte, wirtschaftliche und soziale Interessenvertretung hinsichtlich der Verbesserung der Einkommens- und Arbeitsverhältnisse durch Abschluß von Kollektivverträgen, Demokratisierung der Betriebe, Einwirkung auf die Gesetzgebung bei Schaffung oder Umgestaltung von Reichsbesoldungsgesetzen usw.«

Einen ersten tarifpolitischen Erfolg kann der DEV zu diesem Zeitpunkt schon verbuchen: den Abschluß eines Lohntarifvertrages mit der Preußisch-hessischen Staatseisenbahnverwaltung. Und 1921 dann wird der erste reichsweite Lohntarifvertrag abgeschlossen. Doch im Jahr darauf steckt das Reichsverkehrsministerium allzu deutlich die Grenzen gewerkschaftlicher Tarifpolitik ab: Ein Eisenbahnerstreik gegen geplante Entlassungen wird vorzeitig beendet; die Reichsregierung hält am Personalabbau fest, erhöht per Arbeitszeitverordnung noch die maximale Dienstdauer. Die »DDV«, die »Dienstdauervorschrift« wird in den Folgejahren zum probaten Mittel, tarifliche Arbeitszeitvereinbarungen auf dem Verordnungsweg zu unterlaufen.

Auch die 1920 in Dresden geplante »Demokratisierung der Betriebe« läßt sich nicht so an, wie es sich die Gewerkschafter wünschen. Die von allen Organen der »Räterepubliken« allein übriggebliebenen Betriebs- und Beamtenräte haben Mühe, auch nur einen Rest ihrer verfassungsgemäßen Rechte auszuüben. Zum einen fürchten die Gewerkschaften, daß neben ihnen eine zweite, unabhängige betriebliche wie überbetriebliche Interessenvertretung Fuß faßt und fährt von Anfang an einen Integrationskurs: Der DEV legt in Dresden in einer Resolution Wert auf die »Erkenntnis, daß die Betriebs- und Beamtenräte ihr Entstehen und ihre gegenwärtige Macht nur den Gewerkschaften verdanken und daß sie ihre Aktionskraft nur im engsten Zusammenwirken mit den Gewerkschaften ausüben können«. Dieses nachträgliche Einklagen der Vaterschaft allein mag amüsieren; verhängnisvoller für die weitere Entwicklung der betrieblichen Mitbestimmung wird wiederum die Fähigkeit diverser Reichsregierungen sein, Demokratisierungsbemühungen in ein erstickendes Verordnungskorsett zu zwingen. Schon im April 1921 kommentiert der DEV-Vorstand in seinen »Betriebsräte-Merkblättern für Eisenbahner« eine derartige Betriebsräteverordnung: »Täglich und stündlich versucht man, die Rechte der Betriebsräte zu sabotieren. Dagegen heißt es energisch Front zu machen. (...) Das ist nur dann möglich, wenn hinter den Betriebsräten eine starke Macht steht. Die Betriebsräte verkörpern diese Macht nicht.« Zwingende Folgerung: »(...) die Macht liegt bei den Gewerkschaften. Sie sind die Sammelbecken der Energie. Sie sind die Kraftquellen und Kampfformationen des modernen Proletariats.« Und tatsächlich wird die personalpolitische und wirtschaftliche Interessenvertretung in der Weimarer Zeit nie Sache der Betriebs- und Beamtenräte sein – letztere sind aufgrund der besonderen Beamtenpflichten zusätzlich eingeschränkt –, sondern immer Sache der Gewerkschaften. Paul Distelhut legt deshalb auch Wert auf die Feststellung, daß »die Frage der Mitbestimmung erst nach 1945 eine Rolle gespielt« habe; Betriebs- und Beamtenräte hätten allenfalls in den Sozialeinrichtungen und bei Fragen der Arbeitssicherheit mitwirken können. Und Willi Komorowski, Eisenbahner und DEV-Mitglied seit 1921, Betriebsrat in Köln-Nippes seit 1925, hat aktive Personalpolitik immer nur durch gewichtige Gewerkschafter, meist auf Bezirksebene erlebt; Gewerkschafter, die aufgrund ihrer Persönlichkeit Personalentscheidungen beeinflussen konnten, die sich dem Einfluß der Betriebsräte längst entzogen hatten.

Ein »klassenbewußter« Arbeiter

Allen diesen Entwicklungen zum Trotz, oder gerade deswegen: Willi Komorowski erlebt die Weimarer Zeit wie kein zweiter als klassenbewußter Arbeiter, der die sozialistische Tradition seines Elternhauses gradlinig weiterlebt. Kaum aus der Volksschule in die Schlosserlehre bei der Reichsbahn entlassen, tritt er 1921 dem »Deutschen Eisenbahner-Verband« bei, wird nacheinander Funktionär, Jugendleiter, Mitglied des DEV-Ortsvorstandes und Betriebsrat. Anlaß zum Stolz, auch nach über sechzig Jahren, sind ihm die »zu fast hundert Prozent organisierten Lehrlinge« im Ausbesserungswerk Köln-Nippes. Die schönsten Erinnerungen sind fast ausschließlich mit gemeinschaftlichen Erlebnissen verknüpft. Eine Harzwanderung zum Brocken mit der Gewerkschaftsjugend etwa: »Sonnenaufgang, Sonnenniedergang – das war ein wunderbares Erlebnis für uns Jugendliche«. Der Wiederaufbau eines Volkshauses in Leipzig, das während des Kapp-Putsches zerstört worden war: »Und auf diesem Volkshaus steht der Spruch ›Trotz alledem‹.« Internationale Arbeitersportfeste und Arbeiterolympiaden mit ihren Massenaufmärschen, gemeinsame Bildungsabende, Volkshochschulkurse, Gewerkschaftsseminare, Betriebsversammlungen: Die Welt des organisierten Jungarbeiters ist im Lot, trotz alledem.

Ein zweites Merkmal der Erinnerungen des Willi Komorowski ist sein enges Verhältnis zu seiner Heimatstadt Köln: Er ist so sehr und so lokal Lokalpatriot, daß er seinen Stadtteil »-Nippes« nie hinter dem »Köln« vergißt. Immer wieder gern kommt er auf die rheinische Separatistenbewegung der Jahre 1920 und 1923 zu sprechen, rückt dabei die – bis heute umstrittene – Rolle des Kölner Oberbürgermeisters und »Franzosenfreundes« Konrad Adenauer in den Vordergrund. Ein Ereignis von 1925, das den Gemeinschaftsmenschen wie den Lokalpatrioten gleichermaßen anspricht, bleibt ihm bis heute unvergeßlich: In Köln, in seinem (!) Köln schließen sich nach Jahren zum Teil heftiger Auseinandersetzungen der »Deutsche Eisenbahner-Verband« und die »Reichsgewerkschaft Deutscher Eisenbahnbeamter und Anwärter« (RG) zum »Einheitsverband der Eisenbahner Deutschlands« (EdED) zusammen, versammeln fast 200 000 Mitglieder unter ein Gewerkschaftsdach. Für den gerade neunzehnjährigen klassenbewußten Arbeiter – »Ich war kein Beamter und habe mich auch nicht für Beamte interessiert« – bricht in diesem Moment »das Eis auf zwischen Arbeitern und Beamten: ein erhebendes Beispiel!« Und seitdem trägt für Willi Komorowski, kaum zufällig, die Einheitsgewerkschaft der Eisenbahner das Kürzel »EdED«, auch wenn sie schon längst unter »GdED« firmiert.

Die Euphorie über diesen Zusammenschluß erfaßt nicht nur Willi Komorowski, sondern alle daran beteiligten Gewerkschafter. Das neugegründete Organ des Einheitsverbandes, »Der Deutsche Eisenbahner – Ausgabe für Lohnempfänger« (es gibt eine eigene Beamtenausgabe), jubelt in seiner Nr. 1 des 1. Jahrganges: »Wir waren eine Zeitlang Gegner und haben uns bekämpft. Aber jetzt und für immer sind wir eins! Uns alle treibt das Verlangen nach größerer Freiheit, nach mehr Recht und mehr Brot!« Der gemeinsame Gegner ist schon ausgemacht: »Die Verwaltung mit ihren Trabanten aus dem Lager des kapitalistischen Unternehmertums, (die) wie ein Drache ihren Schatz hütet. Was wir ihm schon entrissen hatten – Achtstundentag, Mitbestimmungsrecht, annehmbare Entlohnung und Besoldung –, das hat er uns zum großen Teil wieder genommen, weil wir in unserer Zerrissenheit und gegenseitigen Zerfleischung immer neue Blößen zeigten.« Der Aufruf gipfelt in einem gemeinsamen Gelöbnis, das sich einer Klassenkampfrhetorik bedient, die längst vergessen schien: »Diesen Drachen, der uns trennt von den Mitteln zum Leben, von Licht und Sonne, von Geistesnahrung, von Freude und Glück, von den Genüssen der Kulturwelt, der den Menschen in uns zu ertöten sucht, der unsere Kinder hungern und verelenden läßt, der uns unserer Schwäche wegen mißachtet und der unsere Knechtschaft besiegeln möchte, wollen wir besiegen! (...) Das geloben wir! Schließt die Reihen! Die Zukunft gehört uns! Vorwärts! Es lebe der Einheitsverband der Eisenbahner Deutschlands!«

Daß die Eisenbahngewerkschafter in diesem Jahr 1925 ihre schon stumpf gewordene Waffe der Agitation erneut anschärfen, daß sie die tiefe Kluft zwischen Arbeiterstolz und Standesdünkel der Beamtenschaft überwinden, um einen kampfstarken Einheitsverband zu bilden, kommt nicht von ungefähr. Denn ein Jahr zuvor nutzt die Reichsregierung des Kanzlers Stresemann die desolate Lage der Wirtschaft, verschärft durch Ruhrkampf und Inflation, als Alibi für eine rigide Beschneidung tariflicher Vereinbarungen. Die 48-Stunden-Woche wird auf 57 Stunden aufgestockt, Schichten können bis zu 93 Wochenstunden gefahren werden. Der Sozialisierungsartikel der Verfassung ist nicht nur vergessen, das Mitte-Links-Kabinett fährt sogar den totalen Gegenkurs: in Richtung Privatisierung. Denn für die Reichsbahn werden die ersten Reparationszahlungen an die Siegermächte fällig; die Regierung will sich von den horrenden Schuldforderungen abkoppeln und überläßt das Schuldnergeschäft einer neugegründeten »Deutschen Reichsbahngesellschaft«. Sie verkürzt damit willkürlich den Artikel 92 der

Weimarer Verfassung: »Die Reichseisenbahnen sind, ungeachtet der Eingliederung ihres Haushalts und ihrer Rechnung in den allgemeinen Haushalt und die allgemeine Rechnung des Reichs, als ein selbständiges wirtschaftliches Unternehmen zu verwalten, das seine Ausgaben einschließlich Verzinsung und Tilgung der Eisenbahnschuld selbst zu bestreiten (...) hat.« Denn die Reichsbahn wird künftig privatwirtschaftlich geführt, ihr Haushalt aus dem Reichshaushalt ausgegliedert. Die Vorteile liegen auf der Hand: Die Schulden des verlorenen Krieges müssen nicht länger aus Steuermitteln aufgebracht, sondern nun von der Reichsbahn erwirtschaftet werden. Diese wiederum fühlt sich nur bedingt an die tariflichen Vereinbarungen des Reiches mit den Eisenbahngewerkschaften gebunden, greift zu den klassischen Mitteln der Kostensenkung: höhere Arbeitszeiten, Kürzung der Beamtengehälter – die »echten« Reichsbeamten sind nur noch »unechte« Reichsbahnbeamte – und Entlassungen von Arbeitern und Angestellten. Widerstände gegen diese Maßnahmen werden mit Verweisen auf den Versailler »Schandvertrag« gekontert, der im August 1924 durch den sogenannten Dawesplan (benannt nach dem US-Banker Charles D. Dawes) die Reichsbahngesellschaft von 1927 an mit jährlich 660 Millionen Goldmark direkter Steuer und 290 Millionen Goldmark Beförderungssteuer belastet; bei einer Laufzeit von 37 Jahren. Doch, nebenbei bemerkt, wird die nach dem Zweiten Weltkrieg gegründete Republik ihre eigenen Reparationssorgen haben und ihre Kriegsschulden nach bewährtem Muster auf die Bahn übertragen: Von dieser Umfälschung einer volkswirtschaftlichen Belastung in Milliardenhöhe in eine betriebswirtschaftliche Belastung hat sich die Bundesbahn in Zeiten, da gleichzeitig immense Steuergelder in den Straßenbau gesteckt wurden, bis heute nicht erholt.

Im Jahr 1924 jedenfalls stehen die Gewerkschaften der Privatisierung durch das Reichsbahngesetz eher hilflos gegenüber. Ein vom DEV bestellter Gutachter prangert in seiner

Denkschrift zum Reichsbahngesetz zwar den darin enthaltenen »kapitalistischen Geist reinster Prägung« an, spricht dabei insbesondere den Verlust der Tarifhoheit des Reichs und die Kontrolle der Reichsbahn durch die neue internationale Notenbank an und kommt dabei zum Schluß: »Wir sollen zwar leben, Kleidung und Nahrung soll uns notdürftig gesichert werden, darüber hinaus aber haben wir über den Ertrag unserer Arbeit keine Verfügung mehr«. Doch das Feindbild der unersättlichen Siegermächte zieht bei den national gesinnten deutschen Eisenbahngewerkschaftern: »Wenn wir als Eisenbahner trotz allem nicht auf die Seite derjenigen treten, die diese erste Gelegenheit für Deutschland, einen Ausweg und eine Lösung, oder wenigstens ihren Anfang zu finden, sabotiert sehen möchten, so ist dafür in erster Linie unsere Einstellung als deutsche Staatsbürger und unsere Liebe zum Vaterland unter Hintansetzung unserer persönlichen Wünsche maßgebend«, betont der Gutachter, ein Dr. Völter, und spricht dabei als »Saboteure« die weniger national denn internationalistisch orientierten deutschen Kommunisten an. Und er fährt fort: »Wir glauben auch hier, daß sich das wohlverstandene Interesse der deutschen Eisenbahner mit dem allgemeinen Besten deckt.« Immerhin kann Völter »ein Gefühl der Bitterkeit darüber nicht unterdrücken, daß es soweit kommen mußte«. Sechs Jahre später wird der Vorstand des »Einheitsverbandes der Eisenbahner Deutschlands« in einer Broschüre zum »Dawesplan« und dem 1929 folgenden »Youngplan«, der die Rückzahlungsmodalitäten ein wenig entschärft, sich gegen den Vorwurf der Kapitulation vor dem Reichsbahngesetz noch einmal zur Wehr setzen: »Es muß als unumstößliche historische Wahrheit festgehalten werden, daß der Dawesplan ein Ablehnen nicht gestattete, weil die Zeitverhältnisse trostlos waren und Deutschland vor dem Zusammenbruch stand. (...) In solchen Zeiten kann unmöglich alles nach Wunsch gehen, und es ist ungerecht, diejenigen kreuzigen zu wollen, die alle Kräfte anstrengten, um die Existenz der arbeitenden Massen nach bestem Wollen und Können auskömmlich zu gestalten.«

Notstand und Arbeitslosigkeit

»Trostlose Zeitverhältnisse« – das trifft in diesen Jahren wahrhaftig nicht nur für die Eisenbahner zu. In der Republik suchen vor allem junge Ungelernte nach Möglichkeiten, ihr Brot auch ohne Butter zu verdienen. Fritz Dreher, der Freigeist aus Remscheid, wird nach einem Metallarbeiterstreik sechzehn Monate ausgesperrt, muß als Hauptnährer seiner Familie jede noch so schlechte und schlechtbezahlte Arbeit annehmen, die sich ihm bietet: »Ich habe keinen Beruf gehabt, ich habe Geld verdient«, umreißt er seine Situation in den Jahren von 1922 an; der Sechzehnjährige schlägt sich mit Notstandsarbeiten durch: Er reinigt Spülbecken einer Schleiferei vom Schleifsand, zieht Entwässerungsgräben, schippt Erde im Tiefbau, fährt Müll. Auch in diesen harten Zeiten ohne tarifliche Entlohnung, ohne Kündigungsschutz, ohne eine irgendwie geartete soziale Absicherung bleibt er seiner Gewerkschaft, dem freien Metallarbeiterverband, treu, zahlt weiter seine Beiträge. Als Sohn des »roten Remscheid« ist er tief verwurzelt in die Solidargemeinschaft: »Ein Außenseiter konnte sich gar nicht halten«, erinnert er sich, »der wurde schikaniert von vorne bis hinten.« Das sei »unschön« gewesen, meint er heute, aber damals »gab es nichts anderes« für ihn. Einen Kollegen, der nicht gewerkschaftlich organisiert gewesen sei, habe er auch »dementsprechend behandelt«. Auf diesem Nährboden gewerkschaftlichen Bewußtseins wächst auch die Unduldsamkeit des jungen, stark an Gerechtigkeitsprinzipien orientierten Arbeiters gegenüber den Trittbrettfahrern gewerkschaftlicher Tarifkämpfe: Er kann es nicht einsehen, daß Unorganisierte mit von dem Tisch essen dürfen, den die Organisierten für alle decken, hält diese deutsche Regelung gegenüber amerikanischen Gepflogenheiten für

»verwässert«. Dieser Zorn auf »Parasiten« wird sich bis ins hohe Alter halten.

Kinderarbeit, Aussperrung, Notstandsarbeit, Zwölfstundentage bei untertariflicher Bezahlung, Arbeitslosigkeit: die Stationen des Fritz Dreher in den Jahren 1922 bis 1928. In diesem Jahr verschlägt es ihn ins Württembergische, nach Aschberg; sein dort lebender Schwager verschafft ihm Arbeit als Former in einer Stahlgießerei. Noch einmal wechselt er den Arbeitsplatz, in eine Gerberei; dann trifft er am Aschberger Bahnhof eine Entscheidung, die ihm nach Jahren ungelernter Arbeit in wechselnden Branchen doch noch die Chance eines beruflichen Aufstiegs eröffnet: Das Betriebswerk der Bahn in Kornwestheim, erfährt er dort von Bekannten, stelle noch Leute ein. Fritz Dreher meldet sich beim zuständigen Personalbeamten, überwindet die ersten Hürden eines Aufsatzes und einer Rechenarbeit, scheitert allerdings fast am Personalbogen. »Religion: keine« trägt der Rösch-Indianer und überzeugte Atheist ein, weiß nicht, daß der Personalbeamte ein ebenso überzeugter Katholik ist. Doch letztlich fällt dieses Manko nicht genügend ins Gewicht. Der nunmehr Zweiundzwanzigjährige ist nach sieben harten Arbeits- und Wanderjahren Reichsbahner; aus dem gebürtigen Remscheider wird ein naturalisierter Schwabe, der den Stuttgarter Raum nicht mehr verlassen wird.

Der Konkurrenzkampf im Betriebswerk Kornwestheim macht Fritz Dreher schwer zu schaffen; die Kollegen wollen nicht einsehen, daß der Neuling als Schreiber bei der Lokleitung einen sauberen Arbeitsplatz bekommt, während sie selbst als Längerdienende als Kessel- und Maschinenputzer eingesetzt werden. Es dauert seine Zeit, bis er sich als Springer für erkrankte Kollegen die nötige Anerkennung verschaffen kann: durch Kohle- und Brikettladen etwa oder durch das ungeliebte »Feuerputzen«, sprich das Entfernen von noch heißen Schlacken aus der Lokfeuerung. Als er danach wieder zu Bürotätigkeiten abgezogen wird, die Aufwandsentschädigungen für Lokführer und Heizer bearbeitet, sind die Anfangsschwierigkeiten überwunden.

Fritz Dreher und Willi Komorowski: So verschieden wie ihre Lebensläufe sind auch ihre Erinnerungsmuster. Der Heimzögling und spätere Hilfsarbeiter spitzt seine Rückblicke rhetorisch oftmals zu; aus Erlebnissen werden nicht selten Schlüsselerlebnisse, aus Schlüsselerlebnissen gleichnishafte Erkenntnisse. Ganz anders der gelernte Schlosser aus Köln-Nippes, geprägt durch die ungewöhnliche Kontinuität seines Lebenslaufes als Eisenbahner, Gewerkschafter und Sozialist. Er separiert keine Erinnerungen; Arbeit, Gewerkschaft, Betriebsrat, Politik verschmelzen zu einem großen Ganzen. Zudem liebt Willi Komorowski das Detail, erforscht, wenn er aus seiner Vergangenheit erzählt, jeden Nebengang der Erinnerung. So etwa, wenn er auf die Arbeitsbedingungen im Ausbesserungswerk Köln-Nippes zu sprechen kommt: »Das war '25, da fing das schon mit den Arbeitslosen an. Und die Arbeitsbedingungen im Aw Nippes, da war man schon mit dem Umbruch beschäftigt. Das Taktverfahren der damaligen Zeit – da wurden am Fließband alle fünfzehn Minuten die Güterwagen vorgezogen. Da mußten die Wagen von der Kolonne, wir sagten immer Fettkolonne, eingefettet und die Kupplungen nachgesehen werden. Da war die Luftkolonne, die Heizungskolonne und so weiter. Das war in der damaligen Zeit etwas Neues, aber wir hatten uns damals nicht dagegen gewandt, können es auch heute nicht, wenn etwas Neues eingerichtet wird. Die Maschinenstürmer damals in England haben das auch nicht fertiggebracht. Aber die Arbeitszeit als solche! Wir hatten eine Kesselschmiede, die Tenderwerkstatt; ich war beschäftigt in der Armaturenkolonne, ich hatte nur die Armaturen und die Kessel und so weiter, und die wurden dann abgenommen. Aber das Verhältnis zur Verwaltung war gut, Betriebsrat, Verwaltung ... ich war selbst Mitglied im Betriebsrat, und da schwebt mir im Moment der Kollege Schmitz vor, der war der Vorsitzende. Wir als DEV hatten

Willi Komorowski im Kreis von Arbeitskollegen, 1927 (obere Reihe, 2. v. rechts).

die Oberhand im Betriebsrat. Jedenfalls hatten wir eine Lackiererei, und dort wurden sämtliche Vorschriften eingehalten, in bezug auf Säuren, Luft und so weiter . . .« Eine Kostprobe verästelter, durch Satzzeichen gebändigter Erinnerungsarbeit, die der Erzähler immer wieder mit einer schwungvollen Volte zum Ausgangspunkt zurückzuführen versteht: »Ich kann sagen: Die Arbeitsbedingungen an sich waren nicht schlecht damals!«

»Nicht schlecht«: Das gilt trotz aller sozialen Rückschritte für die im Vergleich eher ruhigen Jahre zwischen Ruhrkrise und Inflation 1923 und dem Absturz in die Depression der Jahrzehntwende. Der Arbeitsalltag der EdED-Gewerkschafter wird geprägt durch alltägliche Themen: Lohntarife, Beamtenbesoldung, Dienstdauerverordnung, Betriebssicherheit, Sozialeinrichtungen. Dazu die Mobilisierung für Betriebs- und Beamtenratswahlen und die ständige Auseinandersetzung mit konkurrierenden Verbänden und Splittergruppen. Denn auch nach dem Zusammenschluß der Arbeiter und Angestellten im »Deutschen Eisenbahner-Verband« mit den Beamten der »Reichsgewerkschaft Deutscher Eisenbahnbeamter und Anwärter« zum »Einheitsverband der Eisenbahner Deutschlands« vertritt dieser Einheitsverband nur ein gutes Drittel aller Reichsbahner. Eine Statistik aus dem Jahre 1928 listet insgesamt 30 Gewerkschaften, Verbände, ständische und regionale Vereinigungen auf; unter ihnen allerdings auch so obskure Interessengemeinschaften wie der »Verband der höheren administrativen Reichsbahnbeamten Preußen-Hessen« mit 220 oder die »Vereinigung der nautischen und technischen Beamten der Fährschiffverbindung Saßnitz-Trelleborg« mit gerade 20 Mitgliedern. Die beiden Hauptwidersacher des Einheitsverbandes EdED, die christliche »Gewerkschaft Deutscher Eisenbahner e. V.« mit dreizehn Fachverbänden und der »gelbe«, berufsständisch-liberale »Zentralgewerkschaftsbund Deutscher Reichsbahnbeamten und Anwärter« mit vierzehn Fachverbänden versammeln immerhin 150 000 bzw. 90 000

Mitglieder unter ihren Dächern; der Einheitsverband vertritt mit 242 000 Mitgliedern gut jeden dritten der 705 000 Eisenbahner. Abwerbungen von der Konkurrenz gehören da zu den täglichen Pflichten aktiver Gewerkschafter; vor allem die Neuwerbung von Lehrlingen macht sich in der Statistik bemerkbar; den Lehrgesellen wächst so eine zentrale Rolle zu: »Wo der Leithammel ist, da müssen die anderen auch rein«, formulierte Willi Komorowski das oberste, hierarchisch begründete Anwerbeprinzip in den Reichsbahnlehrwerkstätten. Doch Prägungen der Kindheit können schwerer wiegen als die Autorität des Gesellen: Das gilt für die Kinder aus christlichen, ständisch fixierten und sozialistischen Elternhäusern gleichermaßen.

Knick der Fieberkurve

Daß sich neben diesen gewohnten Querelen schon andere Probleme auftun, die Linke sich immer weiter von einer einheitlichen Marschrichtung absetzt, läßt sich aus einigen Nebensätzen des Geschäftsberichtes des EdED-Vorstandes zum Berichtszeitraum 1927 unschwer ablesen. Zu Beginn wird das steile Absinken der Arbeitslosenziffer auf gerade noch 329 000 »Hauptunterstützungsberechtigte« begrüßt, werden »Teilerfolge (...) lebhafter Lohnkämpfe« hervorgehoben. Doch dann warnt der Vorstand, daß »die Parolen der Gewerkschaftszentrale der KPD auch innerhalb unserer Organisation stärker befolgt werden«. Und der politischen Einflußnahme auf die Personalpolitik der Reichsbahn – es drohen einmal mehr Massenentlassungen – kann die Gewerkschaft kaum etwas entgegensetzen: »Leider fehlt uns der direkte Einfluß auf die politischen Parteien«, beklagt der Vorstand, »insbesondere innerhalb der Fraktion der stärksten Arbeiterpartei, der SPD.«

Es fehlt nicht an einem positiven Ausblick in diesem Geschäftsbericht, erstellt 1928: »Die Notzeit in und nach der

Inflation sah uns in Verteidigungsstellung; heute sind wir wieder so gestärkt, daß uns auch ein notwendiger Angriff gerüstet finden wird.« Daß dieser Angriff von der äußersten Rechten aus erfolgen und die Arbeiterbewegung mit ihren Schutzbünden nicht so gerüstet finden wird, wie es zur Rettung der Republik hätte sein müssen, wird als historisches Trauma in die Geschichte der Arbeiterbewegung eingehen.

Die Aufmerksamkeit, die die gemäßigte Linke und die Gewerkschaften der aufkommenden nationalsozialistischen Gefahr widmen, hebt und senkt sich in den entscheidenden Jahren 1931 bis 1933 wie eine Fieberkurve; im Winter 1932/33, kurz vor der Krise, ist der Patient nahezu fieberfrei. Der Verlauf dieser Kurve zeichnet sich, wenn auch nur begrenzt verallgemeinerbar, in den Aufmachern des EdED-Jugendblattes »Freie Eisenbahner Jugend« ab:

Mobilisierung gegen »Mißmut und Hoffnungslosigkeit« in den eigenen Reihen und gegen die »revolutionären Gewerkschaften« der Kommunisten im Juli 1932; auch vor der »Hetze des gesamten Unternehmertums« und dem »Haß der Gelben, der Nationalsozialisten und der Stahlhelmer« wird gewarnt. Auseinandersetzung mit nationalsozialistischem Gedankengut, übertitelt »Gewerkschaftskampf und Deutschtum« im November/Dezember 1931. Aufruf gegen »die Feinde der Arbeiterklasse, allen voran die Hakenkreuzler« im Januar 1932. Werbung zum Eintritt in die Eiserne Front im Februar 1932, illustriert durch einen stilisierten Arbeiter, der einem Nazi die Pistole aus der Hand zwingt. Aufklärung über das »Gaukelspiel ums Hakenkreuz« im Juli 1932; in einer Todesanzeige wird des »Rudolf Marek, Opfer der Hitlerbanditen« gedacht – der Chemnitzer EdED-Jugendleiter war aus dem Hinterhalt erschossen worden.

Dann der Bruch: Mobilisierung der gewerkschaftlichen Jugendarbeit im September 1932; die Nationalsozialisten werden nicht einmal erwähnt. Forderung von »Arbeit! Ausreichenden Lohn! Ferien! Eine gute Ausbildung! Jugendschutz!« im Oktober 1932; der Nationalsozialismus ist kein Thema. Eine Weihnachtsbotschaft und eine Abhandlung »Erziehung und Technik« im Dezember 1932; eine kleine Notiz auf der dritten Seite meldet nicht ohne Stolz: »Die sozialistischen und katholischen Jugendverbände, die in scharfer Front zum Nationalsozialismus stehen, sind (...) viermal stärker als die Hitlerjugend.«

Und im Januar 1933, dem Monat der Machtergreifung Hitlers, erscheint die »Freie Eisenbahner Jugend« in modernem Gewand; schnörkellose Lettern lösen die Frakturschrift des Zeitungskopfes ab. Titel: »Losung 1933 – ein gutes Jahr«. Der Aufmacher beschäftigt sich mit der nötigen Umverteilung von Wirtschaftsgütern, polemisiert gegen den »Absolutismus der Wirtschaftsherzöge« und fordert »planvolle Gemeinwirtschaft«. Ein zweiter Artikel analysiert die »Berufsaussichten in der Metallindustrie«. Die Titelkolumne stellt die »berühmte Lokomotive von Richard Trevethick« vor. Ein Vortrag des Vorsitzenden des »Allgemeinen Deutschen Gewerkschaftsbundes«, Theodor Leipart, über »Gemeinschafts- und Persönlichkeitsgefühl« wird auszugsweise dokumentiert. Eine Goethe-Anekdote wird erzählt, die Bauanleitung für einen elektrischen Lötkolben geliefert, die Dividende eines Rüstungskonzerns gemeldet, gewerkschaftliches Werbematerial empfohlen. Und in eigener Sache gibt die Redaktion bekannt, daß sie »im Laufe der kommenden Zeit noch manche Neuerungen« plant. Ein Nebensatz des Aufmachers, der »falsche Propheten« erwähnt, mag Adolf Hitler meinen. Ansonsten nicht ein Wort über den »Führer« und seine Bewegung.

In diesem Optimismus wird die Eisenbahnerjugend nur noch von ihren Beamtenkollegen übertroffen. In der Dezemberausgabe der »Merkblätter für Betriebs- und Beamtenräte der Reichsbahn« von 1932, wie die »Freie Eisenbahner Jugend« herausgegeben vom Vorstand des Einheitsverbandes der Eisenbahner Deutschlands, wagt der Leitartikler einen kühnen Rückblick und eine noch kühnere Prognose: »Das Jahr 1932, welches von den Gegnern der Arbeiterbewegung als ›Jahr der Entscheidung‹ gekennzeichnet wurde, geht zu Ende. Es hat die Entscheidung gebracht, aber in einem Sinne, welcher den Urhebern dieses Wortes mißfallen wird. (...) Unerschüttert steht die sogenannte ›marxistische Front‹, unerschüttert stehen die Gewerkschaften, welche am Ende des sogenannten Jahres der Entscheidung in den Vordergrund treten. (...) Die nationalsozialistische Bewegung hat im Laufe dieses Jahres den entscheidenden Rückschlag erlitten; sie ist nicht in das Zentrum der Macht gelangt und nähert sich zwangsläufig dem Stadium der Auflösung.«

KAPITEL 5

Verpaßte Gelegenheiten

Klein und untersetzt wirkt der Sechzehnjährige in seinen knielangen Manchesterhosen und den langen, grobgestrickten Wollstrümpfen; die Ärmel des karierten Hemdes sind unternehmungslustig über die Ellbogen gekrempelt. Rucksack, Flechtgürtel und ein derber Wanderstock runden das Bild ab; eine Baskenmütze ist schräg über das linke Ohr gezogen. Der Junge, der so gesammelt in die Kamera schaut, trägt eine Uniform, offensichtlich. Denn die Kleidung seines Mitwanderers, der neben ihm, ein wenig größer auf der blühenden Wiese posiert, gleicht der seinen bis ins Detail. So trägt sich im Jahr 1932 die Sozialistische Arbeiterjugend (SAJ).

Der etwas klein geratene, aber kräftige Junge heißt Hermann Griebe, kommt aus Hamburg-Harburg und ist gerade mal zwei Jahre älter als die Weimarer Republik; Jahrgang 1916. Sein Werdegang bis zu diesem Phototermin ließe sich mit kleinen Änderungen zu einem Musterlebenslauf innerhalb der Arbeiterbewegung verdichten: »Der Kleine«, dieser Name wird ihm bis ins hohe Alter bleiben, kommt aus sozialdemokratischem Elternhaus, wächst nach der Scheidung seiner Eltern bei den Großeltern auf, in einem kleinen Dorf unweit von Harburg. Dort lernt er die karge Lebensführung eines norddeutschen Bauern kennen. Als er schulpflichtig wird, besucht er die Harburger Volksschule – für zwei Jahre nur, weil er, der ungetaufte Enkel freigeistiger Großeltern, »als Heide verschrien« wird im evangelischen Harburg. Er wechselt zur Freien weltlichen Schule, die von der Arbeiterbewegung getragen wird, und geht 1931 in dem Alter, da andere konfirmiert werden, mit der Jugendweihe ab.

Harburg ist rot zu dieser Zeit. Hermann Griebe klettert die ganze Stufenleiter einer sozialistischen Biographie hinauf: Kinderfreunde, Sozialistische Arbeiterjugend; im Arbeitersportverein spielt er Fußball – so gut, daß er es später bis in die oberste Liga, die Gauliga bringen und gegen Erwin Seeler, »uns Uwes« Vater spielen wird. Auch dem Jugendreichsbanner tritt er bei, der Jugendorganisation jenes Schutzbundes, den Republikaner und Sozialdemokraten bereits 1925 gründen und der gemeinsam mit Arbeitersportlern und Gewerkschaftern die Eiserne Front gegen Nazis und Kommunisten bildet. Denn 1931 machen sich »SA und Hitlerjugend, und was sonst noch so rumkreuchte, schon bemerkbar« in Harburg; Hermann Griebe gerät in der Schulzeit und später mit dem Arbeitersportverein in erste Prügeleien mit den Nazis: »Da gab es schon ganz schön harte Kämpfe!« Besonders beeindruckend sind für ihn die Veranstaltungen zum 1. Mai, machtvolle Kundgebungen, auf denen Kampflieder gesungen werden und das Reichsbanner dafür sorgt, daß kein SA-Trupp in die Reihen der Arbeiter eindringen kann.

Hermann Griebe ist inzwischen selbst Arbeiter bei den »Phoenix-Werken«; der fünfzehnjährige Schulabgänger hätte gern einen Beruf gelernt, doch »das war einfach nicht drin«. So steht er als Angelernter an einer Maschinenpresse, die Gummischuhe produziert, bringt für die »harte Arbeit mit nacktem Oberkörper« 28 Reichsmark pro Woche nach Hause; er fühlt sich gut bezahlt, die verheirateten Kollegen verdienen gerade mal sieben Mark mehr. Nach zweieinhalb Jahren ist alles vorbei: Mit der Machtergreifung der Nazis verliert der nun Siebzehnjährige seinen Job, muß zudem erleben, daß die SA die Häuser der stadtbekannten Arbeiterfunktionäre durchkämmt: »Das waren alles Bauernlümmels; die standen bei uns in der Wohnung und wollten meine Großeltern und meinen Onkel festnehmen. Mein Großvater, der war ein Hüne von Kerl, der stand dann auf und sagte: ›Wenn ihr nicht macht, daß ihr hier rauskommt, dann

Hermann Griebe bei der SAJ, 1932 (rechts).

gibt es was vor die Fresse!‹ Wir kannten uns ja alle. Und da haben sie sich das überlegt und sind rausgegangen.« Ein letzter, kleiner Triumph, der für Jahre reichen muß. Denn meist geht es anders aus: Der nun Siebzehnjährige muß an seinem Arbeitsplatz in Harburg erleben, daß SA-Sturmmänner seinen Freund regelrecht zusammentreten, »mit den großen braunen Stiefeln immer wieder in die Fresse hinein. Das hat mich so erschüttert!«

Das ganze Weltbild des jungen Arbeiters ist erschüttert. Hermann Griebe, darauf sei noch einmal hingewiesen, ist knapp zwei Jahre älter als die Republik. Er erlebt ihren Zusammenbruch, ihre Kapitulation wie ein Großteil der deutschen Arbeiterbewegung: ohnmächtig, hilflos empört, bemüht, wenigstens den Stolz zu retten. Zudem fühlt er sich mehr und mehr isoliert; frühere Freunde tragen die braune Uniform, alle Organisationen, denen er von Kindesbeinen an angehört, werden aufgelöst; sogar der Arbeitersportverein entgeht der Gleichschaltung nicht. »Ich hatte das Gefühl, daß ich nirgendwo mehr zugehörte«, schildert Hermann Griebe diese Situation zwischen Isolation und Bedrohung, »überall kriegte ich einen vor den Latz geknallt. Ich kam nirgends mehr zum Zuge.« Er verliert seine Arbeit, sein soziales Netz, die meisten seiner Freunde. Was ihm bleibt, ist das wenige, das das »Dritte Reich« ihm, dem politisch Vorbelasteten zu bieten hat: Hilfsarbeit bei einem Weinhändler, Arbeitsdienst, Militärdienst. Das einzige, das »große Glück« in dieser Zeit erlebt er, als er bei der Deutschen Reichsbahn in einer Bahnmeisterei anfangen kann. Für zwei Jahre. Dann beginnt der Krieg, raubt ihm auch dieses Stück Identität. Am meisten empört ihn, daß er seine Reichsbahnuniform an einen Glücklicheren abgeben muß. Ihm bleibt das Feldgrau des Frontsoldaten.

Es hätte nicht soweit kommen müssen mit ihm wie mit der Republik, meinte Hermann Griebe heute: »Wir waren zu lasch, um dort aufzuräumen. (...) Wir hätten zurückschlagen müssen! Alles haben sie uns genommen, nichts haben sie uns wiedergegeben!« Nach über einem halben Jahrhundert ein fast verzweifelter Ausbruch, der Taten fordert, die allenfalls erwogen wurden und Verluste beklagt, für die es keine Wiedergutmachung geben kann. »Wir hätten zurückschlagen müssen«: Das gilt der Sozialdemokratie, der Gewerkschaftsbewegung, den Kampfbünden wie Eiserne Front und Reichsbanner. Das gilt allen Organisationen der Arbeiterbewegung, in deren Schutz sich der halbwüchsige Hermann heimisch und sicher fühlte und die dem gerade Siebzehnjährigen dennoch die Erfahrung mit Diktatur und Krieg nicht ersparen konnte. Das gilt vor allem seiner Vätergeneration, die in der Arbeiterbewegung das Sagen hatte.

Geschichte der Versäumnisse

Wenn die Geschichte der Versäumnisse bis 1933 geschrieben wird, bündelt sich die Kritik in drei immer wieder gleichen Punkten: Spaltung statt Einheit, Taktik statt Taten, Reagieren statt Agieren.

Spaltung statt Einheit: Im Winter 1931 gärt es im Reich; die Arbeitslosigkeit hat sich seit Frühjahr 1930 verdreifacht, der Zentrumskanzler Heinrich Brüning regiert mit Notverordnungen. In Bad Harzburg formiert sich aus NSDAP, Stahlhelm und der Deutschnationalen Volkspartei des Zeitungszaren Alfred Hugenberg die »Harzburger Front«, ruft zum Sturz der Republik auf, findet Unterstützung bei führenden Industriellen und Bankiers. Der KPD-Führer Ernst Thälmann fordert SPD und Reichsbanner auf, gemeinsam mit den Kommunisten eine rote Einheitsfront zu bilden. Die SPD lehnt ab, mit der KPD zu paktieren, schließt sich statt dessen mit Reichsbanner, freien Gewerkschaften und Arbeitersportverbänden zur »Eisernen Front« zusammen; freigewerkliche »Hammerschaften« ergänzen die Kampforganisation. Kurz darauf finden sich die christlichen Gewerkschaften in der »Volksfront« zusammen. Eine Notgemeinschaft mit der Kommunistischen Partei wie mit der in den Betrieben sehr aktiven »Roten Gewerkschafts-Opposition« (RGO) wird auch in der Folge nicht erwogen: Die Fronten haben sich längst verfestigt: »Sozialfaschismus« und »Kumpanei mit dem Kapital« werfen die Kommunisten ihren sozialdemokratischen Kollegen vor; diese kontern mit dem Vorwurf, die Kommunisten betrieben wie die Nationalsozialisten auch den Sturz der Republik, um eine Diktatur aufzurichten. Gewerkschafter in KPD-Hochburgen wie August Trocha müssen da befürchten, zwischen zwei radikalen Fronten zerrieben zu werden: »Wir hatten in Duisburg eine rote Belegschaft, überwiegend kommunistisch«, schildert er die Situation der gemäßigten Linken, »da mußten wir uns nicht nur der Nazis, sondern auch noch der Kommunisten erwehren.« Ein Konflikt mit für ihn damals unabsehbaren Folgen, räumt er ein angesichts der Ereignisse nach 1932: »Später wären wir froh gewesen über eine Einheitsfront!«

Taktik statt Taten: Im Juli 1932 nutzt Franz von Papen, Reichskanzler des überwiegend von konservativen Adligen besetzten »Kabinetts der Barone« eine nach Landtagswahlen sich verzögernde Regierungsneubildung in Preußen dazu, im »kalten Staatsstreich« die wichtigste SPD-Bastion im Reich zu nehmen. Von Papen setzt aufgrund einer Notverordnung die Regierung des Sozialdemokraten Otto Braun ab und läßt sich vom Reichspräsidenten Hindenburg zum Reichskommissar für Preußen ernennen. In Berlin und der Provinz Brandenburg herrscht der militärische Ausnahmezustand, der Polizeipräsident der Hauptstadt wird von einem Reichswehrtrupp verhaftet. Im Gegenzug mobilisieren Reichsbanner und Eiserne Front, diskutiert die Gewerkschaftsbasis einen Generalstreik. Doch in mehreren Krisensitzungen kommen der Vorsitzende des »Allgemeinen Deutschen Gewerkschaftsbundes« (ADGB), Theodor Leipart, und der SPD-Vorsitzende Otto Wels überein, auf einen Aufruf zum Generalstreik zu verzichten; der ADGB-Chef weist darauf hin – so geht es aus Aufzeichnungen von Wels hervor –, daß es sowohl an Streikgeldern als auch an den notwendigen »psychologischen Voraussetzungen« für einen solchen Schritt mangele. Zudem erklärt der Chef des Einheitsverbandes der Eisenbahner, Franz Scheffel, gemeinsam mit seinem Kollegen von Gesamtverband öffentlicher Betriebe, seine Mitglieder ließen sich schon deshalb kaum zu einem Ausstand bewegen, weil sich unter den Millionen Arbeitslosen genügend Streikbrecher finden ließen. Der SPD-Vorsitzende läßt sich überzeugen, um einen Bürgerkrieg zu vermeiden und die eine gute Woche später anstehende Reichtagswahl nicht zu gefährden; er hofft mit Hilfe der Wähler den Rechtstrend umkehren zu können. Doch am 31. Juli wählt jeder dritte Wähler die NSDAP; mit 37,4 Prozent wird sie stärkste Fraktion im Reichstag.

Reagieren statt Agieren: Aus den Novemberwahlen 1932 geht wiederum die NSDAP, wenn auch leicht geschwächt, als stärkste Fraktion hervor. Es dauert zwei Monate eines Übergangskabinetts, bevor Reichspräsident Hindenburg Adolf Hitler mit der Regierungsneubildung beauftragt: Am 31. Januar 1933 ist Hitler Reichskanzler eines überwiegend von parteilosen Vertretern des konservativen Adels besetzten Kabinetts; die NSDAP stellt mit Wilhelm Frick (Inneres) und Hermann Göring (ohne Geschäftsbereich) zwei Minister. Vier Wochen später nimmt Göring den Reichstagsbrand zum Anlaß, als kommissarischer preußischer Innenminister eine Reihe kommunistischer Führer zu verhaften. In dieser Zeit setzen die gemäßigten Kräfte der Arbeiterbewegung darauf, daß die Konservativen und Deutschnationalen der Reichsregierung ihren Reichskanzler im Griff behalten werden; »mehr als zwei Jahre«, kursiert die schon sprichwörtlich gewordene Devise, »wird die Hitlerei nicht dauern«. Doch als im März 1933 der Reichskanzler mit Unterstützung aller Mitte-Rechts-Parteien das »Gesetz zur Behebung der Not von Volk und Reich« durchsetzt und damit das Parlament entmachtet, findet er die SPD vollkommen unvorbereitet: Ihre Gegenstimmen allein reichen nicht aus; die KPD-Fraktion ist durch Verhaftungen und Aberkennung der Mandate längst aufgelöst. Otto Wels bleibt nur noch, Hitler »die machtpolitische Tatsache Ihrer augenblicklichen Herrschaft« zuzugestehen und sich »in dieser geschichtlichen Stunde feierlich zu den Grundsätzen der Menschlichkeit und der Gerechtigkeit, der Freiheit und des Sozialismus« zu bekennen. Kurz darauf geht er ins Exil; SPD und Gewerkschaften, die – anders als die KPD – es versäumt hatten, sich auf politische Illegalität einzustellen, werden in den kommenden Monaten zerschlagen oder gleichgeschaltet.

Die Zeichen der Zeit werden allzu spät erkannt; Willi Komorowski, zu dieser Zeit Betriebsrat, Gewerkschaftsfunktionär und SPD-Unterbezirksvorsitzender in Köln-Nippes erlebt tagtäglich neue Übergriffe der Nationalsozialisten: Mal wird der Kölner Polizeipräsident in einer Rheinkneipe von der »Schutzstaffel« der NSDAP, der SS, zusammengeschlagen, ohne daß die Täter gerichtlich zur Verantwortung gezogen werden. Mal berichten Siegburger Genossen im Kölner Volkshaus, daß Heckenschützen der Nazis einen der Ihren aus dem Hinterhalt erschossen haben. Der alltägliche Terror auf den Kölner Straßen, »Schießereien – Nazis, Kommunisten, Eiserne Front, (...) alles durcheinander« provoziert antifaschistische Großkundgebungen, wie etwa 1932 in der Düsseldorfer Kongreßhalle: SPD, Gewerkschaften, Eiserne Front, Reichsbanner, Arbeiterturner demonstrieren Geschlossen- wie Entschlossenheit, die Republik zu schützen. Doch nach Beendigung der Kundgebung muß Willi mit seinen Kollegen und Genossen versuchen, truppweise und im Laufschritt den Bahnhof zu erreichen, denn die Sturmtrupps der SA sind mit Knüppeln hinter ihnen her. Als der Sechsundzwanzigjährige, im Arbeitersportverein auch zum Schießen ausgebildet, angesichts solcher Erfahrungen nach Waffen fragt, wird er von älteren Funktionären abgewiesen. Er gibt sich mit der Ablehnung zufrieden, erkennt die Kompetenz der Älteren an: »Wir waren ja so treu und gläubig«, urteilt er im nachhinein, »parteihörig, gewerkschaftshörig, wie in der Kirche vor dem Pastor!«

Auf einer Maikundgebung 1932 in Köln-Ehrenfeld allerdings wird Willi Komorowski hellhörig; ein Gastredner, der es wissen muß, warnt seine Kölner Gastgeber vor der drohenden Diktatur. Genosse Petronelli kommt aus Italien, hat den »fascismo« mit all seinen Auswirkungen schon ein Jahrzehnt früher erleben müssen und ist seinen Zuhörern um eben dieses Jahrzehnt Desillusionierung voraus: »Verbrecher bleiben Verbrecher!« mahnt er seine deutschen Genossen und sieht schwarz auch für die deutsche Republik: »Euch wird es nicht besser gehen als uns Italienern!« Doch die Warnung fällt auf wenig fruchtbaren Boden; die Botschaft hören sie wohl, allein es fehlt ihnen der Glaube. Denn die traditionelle Gefolgschaft der Arbeiterbewegung bröckelt bereits an der Basis ab: Die SA verteilt in den ärmeren Vierteln Erbsensuppe an ausgesteuerte Arbeitslose und zieht viele von ihnen ins eigene Lager. In Köln-Ehrenfeld, einer Hochburg der Kommunisten, laufen Reichsbannerleute massenhaft zur SA über. Und Willi Komorowski muß im SPD-Unterbezirk Köln-Nippes erleben, daß auch unter den Genossen Defätismus um sich greift: »Ich rief ›Freiheit!‹«, erinnert er sich, »und da waren welche, die lachten mich einfach aus.«

Vornehmlich wirtschaftliche Gründe macht Komorowski für das zunehmende Aufweichen der Fronten aus; er kann es nachvollziehen, daß angesichts der desolaten sozialen Lage das Vertrauen der Basis in altbekannte Rezepte nachläßt: »Es war ein großer Unwillen vorhanden bei diesen Menschen. Das Volk glaubte nicht mehr an unsere Propheten, an unsere Literatur, an die Flugblätter, die wir in die Briefkästen warfen.« Diese mangelnde Resonanz treibt viele Funktionäre in die Resignation; Komorowski muß es erleben, daß ein verdienter Alt-Funktionär der Partei ihm einen Packen Flugblätter in die Hand drückt, mit der Aufforderung, die Blätter im Kanal verschwinden zu lassen und dem Kommentar, er wolle »mit der Sache nichts mehr zu tun haben«. Und wo die Resgination noch nicht greift, macht sich Bunkermentalität breit; allen Ernstes werden Überlegungen angestellt, getreu separatistischer Traditionen »am Rhein eine Linie zu ziehen, um den Nationalsozialisten Einhalt zu gebieten«.

Schuld der Gewerkschaftsführung?

Um eine eindeutige Schuldzuweisung drückt sich Willi Komorowski, wenn er an das Desaster von 1933 denkt, nicht herum. Er, der wie kaum einer seiner Altersgenossen durch ältere Vorbilder in Betrieb, Gewerkschaft und Partei geprägt wurde, distanziert sich von vielen seiner Vorbilder, lastet das Versagen der Arbeiterbewegung ihren gewählten Führern an. Schon der Generalstreik gegen den Staatsstreich in Preußen 1932 sei ausgemachte Sache gewesen, betont er, Eiserne Front und Reichsbanner hätten »Gewehr bei Fuß gestanden«, bevor Partei und Gewerkschaften sich gegen diese Ultima ratio entschieden hätten. Bitteres Fazit des zutiefst enttäuschten Kollegen und Genossen: »Die Zwangslage der Bevölkerung konnte ich verstehen. Aber wo (...) war denn die Zwangslage bei unseren Führern? Die haben sich in eine Auto gesetzt und sind an die Schweizer Grenze gefahren. Die hatten ihr Sparbuch oder ihr Konto von der Gewerkschaftsbewegung im Rücken. Die Arbeiterschaft wurde von ihrer Führerschaft verraten!« Willi Komorowski, der 1933 in den gewerkschaftlichen Widerstand geht, wird dieses harsche Urteil gegenüber einigen Gewerkschaftskollegen in führender Position revidieren: Hans Jahn, Organisationsleiter des Einheitsverbandes der Eisenbahner, und Konrad Roth, EdED-Bezirksleiter in Mainz und Köln, erwerben sich im Exil und in der Illegalität den tiefen Respekt ihres Kölner Gefolgsmannes, ebenso wie

Max Pester, sein vormaliger Lehrgeselle und väterlicher Freund.

Der Mainzer Schriftsetzerlehrling Paul Distelhut hat in den Jahren bis zur Machtergreifung eine gute Zeit; im Gegensatz zu vielen seiner Altersgenossen kann er nach seiner Schulentlassung eine Lehre antreten, und dies in einem aussichtsreichen Berufsfeld mit hoher gesellschaftlicher Anerkennung. Nach Abschluß der Lehre plant der inzwischen bei der »Mainzer Volkszeitung« beschäftigte Geselle eine zweijährige Weiterbildung an einer Berliner Maschinensetzer-Schule. Zudem ist er sicher eingebettet in sein politisch-gewerkschaftliches Umfeld. Der Vater hat etwas zu sagen bei den Mainzer Sozialdemokraten; der Sohn tritt in seine Fußspuren: Kinderfreunde, Falken, Arbeiterjugend, Gewerkschaftsjugend, SPD. 1932 bringt er es beim starken und traditionsreichen Buchdruckerverband zum Jugendleiter; noch heute erinnert er sich im Detail an die Maiparolen der letzten Jahre: »Keinen Pfennig den Fürsten!« etwa, »Gegen die Brüningschen Notverordnungen!«, »Weniger Arbeitszeit – mehr Urlaub!« oder auch »Kampf der Diktatur – für Erhalt der Republik!«

Als Hitler die Macht übernimmt, ist der Sturz um so tiefer für den noch nicht Zwanzigjährigen. Er wird entlassen, der Traum vom Besuch der Maschinensetzer-Schule ist ausgeträumt. Auch der Vater verliert seine Stellung als Obersekretär bei der Mainzer Arbeitsverwaltung; den Beamten trifft das im April verabschiedete »Gesetz zur Wiederherstellung des Berufsbeamtentums« mit aller Schärfe: »Beamte, die nach ihrer bisherigen politischen Betätigung nicht die Gewähr dafür bieten, daß sie jederzeit rückhaltlos für den nationalen Staat eintreten, können aus dem Dienst entlassen werden«, besagt der Paragraph 4 dieses Gesetzes, das auch die Beamtenschaft im Reich gleichschalten will. Auf Widerruf erhält der Zwangspensionär eine Rente, die ein Drittel seines zuletzt bezogenen Grundgehaltes ausmacht: 80 Reichsmark im Monat. In den folgenden drei Jahren leben vier Personen von dieser Kleinstrente: die Eltern Distelhut, der arbeitslose Sohn Paul und eine unverheiratete, ebenfalls erwerbslose Schwester.

»Zum Leben hat es nicht gelangt«, schildert Paul Distelhut diese Randexistenz einer Arbeitslosenfamilie, »zum Sterben auch nicht.« Erst 1936 gibt der nationalsozialistische Staat dem politisch vorbelasteten Schriftsetzer eine Gelegenheit, sein eigenes Brot zu verdienen: Der nunmehr Zweiundzwanzigjährige wird von der Reichsbahn dienstverpflichtet, als Rotten- und Rangierarbeiter. Auch nach Jahren des Mangels kann er die »furchtbare Enttäuschung« kaum verwinden, als Geselle mit Weiterbildungsplänen wieder ganz unten anfangen zu müssen.

Wie Willi Komorowski macht auch Paul Distelhut in der Umbruchzeit bittere politische Erfahrungen, muß es mit ansehen, daß am Wahltag im Januar aktive Reichsbannerleute »mit der NS-Fahne durch die Stadt fahren«. Vor allem Arbeitslose wechseln mit fliegenden Fahnen zur SA, um wieder zu Lohn und Brot zu kommen. SPD und Gewerkschaften haben auch in Mainz, wie im ganzen Reich nichts dagegenzusetzen: »Die haben sich nicht auf die Illegalität vorbereitet«, konstatiert Distelhut, »während die Kommunistische Partei hervorragend vorbereitet war. Und damit kamen viele Genossen in das Fahrwasser der KPD.« Wie wenig Gewerkschafter das Regelwerk der Konspiration beherrschen, erlebt der junge Mainzer in den Tagen, da SA-Leute die Gewerkschaftshäuser besetzen: »Da hat ein Reichsbannermann eine Gruppe gegründet, die Waffen beschaffen sollte. Das haben wir auch gemacht, und ich als Jüngster mußte das Geld holen. Als dann der Metallarbeiterverband besetzt wurde, hat man fein sortiert die Rechnungen und Quittungen gefunden.« Als wenig später Paul Distelhut den zuständigen Kassierer darauf hin anspricht, bestätigt ihm dieser, er habe »ordnungsgemäß abgerechnet«: Dieser tiefsitzende Ethos eines Funktionärs alter

Schule aber bringt zwei Gewerkschaftskollegen ins Gefängnis.

Trotz dieser deprimierenden Erfahrungen beurteilt Paul Distelhut die Politik der Arbeiterbewegung bis zur Machtübernahme weniger rigide als Willi Komorowski, zeigt mehr Verständnis für die schwierige Lage der SPD- und Gewerkschaftsführer. Er weist darauf hin, daß ein Generalstreik im Juli 1932 »zu einem Blutbad hätte führen können«, wenn die Reichswehr eingegriffen hätte. Erinnert daran, daß »die Arbeitslosen nicht mehr bereit (waren), sich für die Republik zu schlagen«. Und stellt apodiktisch fest, daß ein Zusammengehen der SPD mit der KPD »unmöglich« gewesen sei. Der Sohn einer alten sozialdemokratischen Familie bleibt damit seiner Partei treu: Seine Argumente dekken sich mit der Generallinie sozialdemokratischer Argumentation in späteren historischen Debatten.

Zu denjenigen, die sich ausgangs der zwanziger Jahre aus der Politik zurückziehen, gehört Fritz Dreher. Er, der in seiner Remscheider Zeit als Kommunist »manche Saalschlacht mit der SA mitgemacht« hatte, verweigert sich seit seinem Umzug ins Schwäbische zunehmend der politischen Szene. Zum einen muß er einen schweren familiären Schlag verwinden: Ein Bruder, ebenfalls Kommunist, wird beschuldigt, bei einer Frankfurter Demonstration einen Nationalsozialisten erschossen zu haben. Zwar kommt er mangels Beweisen vorläufig auf freien Fuß, doch als er erneut eine Vorladung erhält, nimmt er sich in seiner Waschküche mit einer Pistole das Leben. Zum zweiten setzt der sozialdemokratische Schwager im schwäbischen Aschberg dem nun Dreiundzwanzigjährigen zu, sich von den Kommunisten zu trennen und der SPD beizutreten. 1929 scheidet Fritz Dreher »stillschweigend« aus der KPD aus, ohne deshalb Sozialdemokrat zu werden. Er hat in dieser Zeit »von Politik die Nase voll«, widmet sich als Jugendleiter vorrangig der freigeistigen Bewegung, bleibt als Mitglied ohne Funktion beim Einheitsverband der Eisenbahner. Bis Mai 1933: In diesem

Monat erlebt die deutsche Gewerkschaftsbewegung die größte Niederlage ihrer Geschichte.

Die Zerschlagung der Gewerkschaften ist ein erster, überaus wichtiger Akt der »nationalen Revolution«. Dieser Akt wird vom »Reichsorganisationsleiter« Robert Ley generalstabsmäßig geplant und bis zur letzten Minute geheimgehalten. So können seine Hilfstruppen – SA und die nationalsozialistische Betriebszellenorganisation NSBO – am 2. Mai ab zehn Uhr vormittags auf einen Schlag alle Gewerkschaftshäuser besetzen, Vermögen und Akten beschlagnahmen und die Funktionäre in Gefängnissen, SA-Kellern und sogenannten »wilden KZ« festsetzen. Robert Ley bildet die »Deutsche Arbeitsfront« (DAF), löst alle Gewerkschaften und Berufsverbände auf und überführt sie in die Arbeitsfront. Ab sofort gilt für Arbeitervertreter allein das Führer- und Gefolgschaftsprinzip; das Prinzip mehrheitlicher Willensbildung hat ausgedient. Aus politisch unabhängigen Gewerkschaften wird mit der DAF eine Untergliederung der Partei; aus Betriebs- und Beamtenräten werden »Vertrauensräte«, die in erster Linie als Wachpersonal der NSDAP fungieren. Ein knappes halbes Jahr später ist die Gleichschaltung der Gewerkschaften eindeutig vollzogen. Am 27. November verkündet Robert Ley öffentlich die Zielsetzung der Arbeitsfront: die »Zusammenfassung aller im Arbeitsleben stehenden Menschen ohne Unterschied ihrer wirtschaftlichen Stellung« und deren »Erziehung zum nationalsozialistischen Staat und zur nationalsozialistischen Gesinnung«.

Trauma des 2. Mai

Der Duisburger Reichsbahnschlosser August Trocha erlebt im Frühjahr 1933 die Zerschlagung der Eisenbahnergewerkschaft am eigenen Leibe. Er lebt inzwischen nicht mehr bei seiner Familie, weil ihm sein Bruder, »ein ganz übler Nazi«, die weitere Bleibe unter elterlichem Dach gründlich verleidet. Trocha kommt bei zwei Gewerkschaftskollegen unter, gerät mit ihnen nach der Januarwahl 1933 in einen Hinterhalt der Nazis: »Als wir morgens zur Arbeit gingen, standen alle fünfzehn bis zwanzig Meter SA- und SS-Leute. Das war ein Spießrutenlaufen, eine Demütigung freier Menschen, um uns Arbeiter kleinzukriegen – wir waren doch als Rote verschrien. Sie schlugen uns alle zusammen.« Der 1. Mai 1933 dann wird für Trocha zum traumatischen Erlebnis, an das er sich nach über einem halben Jahrhundert so erinnert, als sei es gestern gewesen: Die Beschäftigten der Reichsbahnwerkstätte werden auf den Werkhof zitiert und müssen im »Stillgestanden« einem evangelischen Feldgottesdienst beiwohnen. Zum deutschen Gruß werden sie ebenso gezwungen wie zum Absingen des Horst-Wessel-Liedes. August Trocha erlebt ein erstes Mal, wie sich Widerstand artikulieren kann: in demonstrativer Verweigerung. Immer mehr Eisenbahner lassen die Hände fallen, verweigern den geforderten deutschen Gruß. Als sie danach von bewaffneten SA- und SS-Leuten ins Duisburger Wedau-Stadion zu weiteren Repressalien gebracht werden, gelingt es dem jungen Duisburger, das Stadion durch den Spielereingang unbemerkt zu verlassen.

Noch einmal muß Trocha eine solche Demütigung erleben, als Adolf Hitler bei Krupp in Essen eine Rede hält: Die gesamte Dienststelle wird unter Bewachung zum Bahnhof gebracht und in einen Sonderzug verfrachtet. Ziel dieser Fahrt ist ein Kruppscher Fabrikhof in Essen-West. Noch einmal kann er sich mit einigen Kollegen absetzen, diesmal über eine fast drei Meter hohe Mauer. Doch die beiden Erlebnisse vergißt er nie: »Mein Gott noch mal, aus der Freiheit auf einmal in eine solche Unfreiheit zu geraten, das war furchtbarer, als ich es mir je hätte vorstellen können!« In diesen Tagen faßt der nunmehr neunundzwanzigjährige Reichsbahnschlosser den Entschluß, als Gewerkschafter etwas gegen das neue Regime zu tun; ein Entschluß, der ihn später ins Zuchthaus, ins Moorlager und ins Strafbataillon bringen wird.

Wie am 2. Mai 1933 die Besetzung eines Gewerkschaftshauses abgewickelt wird, kann kaum jemand besser schildern als Gretel Schneider, Angestellte und gute Seele des EdED-Bezirksbüros Mainz; kurz, bündig und anschaulich: »Mein Chef, der hat am 29. April gesagt: ›Ich bin in Berlin mit den Bezirksleitern. Ich weiß, es kommt etwas auf Sie zu, haben Sie keine Angst!‹ Am 2. Mai wurden alle Gewerkschaftsbüros besetzt. Ich komme ins Geschäft, die Treppe voller SS-Leute. Türen haben sie keine aufgebrochen – ich habe dann aufgeschlossen. Sie haben überall rumgeguckt. Sie haben nach dem Chef gefragt. Sie haben mir den Personalausweis abgenommen, und ich konnte mir den aus dem SS-Büro abholen. Alle Bücher aus den Bücherschränken haben sie mitgenommen und alles angezündet. Ich habe mich ins hinterste Zimmer verdrückt. Aber sofort hieß es: ›Kommen Sie bitte mal raus!‹ Die haben rumgespielt und gesungen, und ich habe geflennt. Mir wurde dann ein Treuhänder vorgestellt, der hat von der Eisenbahn nichts gewußt. Als ich dann meinen Ausweis abholte, da saßen alles Kollegen von mir; ich habe meinen Ausweis gekriegt.« Was Gretel Schneider später über diese Kollegen erfährt: Einige werden an diesem Tag verhaftet, kommen nach Dachau und anderswohin. Gretel Schneider selbst verliert an diesem Tag ihre Stellung, arbeitet über ein Jahrzehnt als Bürokraft in der chemischen Industrie. Fünfzehn Jahre später erst wird sie zur Mainzer Bezirksleitung der neu gegründeten »Gewerkschaft der Eisenbahner Deutschlands« (GdED) zurückkehren.

Auch ein kleines Buch kann Bände sprechen. Hier: das braun eingebundene Mitgliedsbuch eines Eisenbahngewerkschafters, Hauptnummer 757832 – ein Stück personifizierter Gewerkschaftsgeschichte. Aus dem Deckblatt geht hervor, daß der Schlosser Willi Komorowski, geboren am 31. Dezember 1906 in Köln-Nippes, in der 37. Beitragswoche des Jahres 1926 in den »Einheitsverband der Eisenbahner Deutschlands« übergetreten ist. Unterschrift: F. Scheffel, Vorsitzender. Eine Seite weiter dokumentiert, daß der Inhaber des Buches seit dem 1. Mai 1921 Mitglied des »Deutschen Eisenbahner-Verbandes« gewesen war und seine Beiträge regelmäßig abgeführt hatte; sie werden in 181 Beitragswochen der EdED-Beitragsklasse IV überführt. Auf den folgenden sieben Seiten, die mit jeweils 52 Märkchen die Beitragsjahre 1926 bis 1932 markieren, fällt nichts Besonderes auf. Nur die Farben der Märkchen wechseln alljährlich; auch die Beitragsklassen schwanken zwischen Klasse 5 und Klasse 9. Doch die achte Seite unterscheidet sich grundlegend von den vorangegangenen: Den Juli 1933 beschließt in der letzten Woche ein rotes Märkchen mit den Initialen »DA« und einem Hakenkreuz im linken unteren Eck. Ein roter Entwertungsstempel löst die bislang violetten ab. Vom Oktober 1933 an werden keine Märkchen mehr geklebt, die Wochen nur noch abgestempelt. Und von März 1934 an bescheinigt nur noch ein eingeklebter Zettel, daß durch die »Sparda« von der 40. Woche 1933 bis zur 37. Woche 1934 insgesamt 50 Beiträge à 0,30 Rmk. bzw. 0,50 Rmk. gezahlt worden waren. Gestempelt: »Die Deutsche Arbeitsfront, Gau Köln-Aachen, Gau-Verwaltungsdienststelle der öff. Betriebe, Köln 21«. Danach gibt es keine Eintragungen mehr.

KAPITEL 6

Der fast normale Alltag

Auf vierzehn fruchtbare Jahre kann Nikolaus Rott, Vorhandwerker beim Reichsbahn-Betriebswerk Weiden/Oberpfalz im Jahre 1933 zurückblicken: Betriebsrat, Bezirksbetriebsrat, Hauptbetriebsrat; SPD-Stadtrat, Schöffe und Geschworener beim Arbeits- und Landgericht. Er zählt zu den Honoratioren in Weiden, hat zahlreiche Freunde in Partei und Gewerkschaft. Doch der 28. Juni 1933 verändert das Leben des nunmehr Zweiundvierzigjährigen von Grund auf: Nikolaus Rott wird isoliert, kommt quasi in gesellschaftliche Einzelhaft, ohne je eine Gefängnismauer von innen zu sehen.

Auszug aus seinem Lebenslauf: »Im Jahre 1933 bei der Machtergreifung der NSDAP wurde ich aus allen Ehrenämtern (...) entfernt und aus dem Arbeitsverhältnis der Deutschen Reichsbahn entlassen. Am 28. Juni 1933 mußte ich einen Vertragsschrankenwärterposten in Kemnath-Neustadt annehmen, durch diesen Posten wurde ich um mehr als die Hälfte meines Einkommens geschädigt; außerdem war mir durch diesen abseits gelegenen Posten jede Verbindung mit meinen früheren politischen Freunden genommen. Meine Kinder wurden von der NSDAP in ihrem Vorwärtskommen stark geschädigt. Fünf Jahre war ich auf diesen Posten verbannt. (...) 1938 kam ich wieder nach Weiden zurück, durfte aber bei meiner früheren Dienststelle nicht mehr eintreten, da angeblich durch mich der Werksfriede gestört würde. (...) Außerdem wurde mir jede Möglichkeit zum Eintritt in die Beamtenlaufbahn genommen.«

Eine fast alltägliche Geschichte des »Dritten Reiches«. Sie hätte noch weit schlimmer ausgehen können. Denn einen

Tag nach dieser Zwangsversetzung fährt morgens um 6 Uhr ein Auto mit bewaffneten SA-Männern vor Rotts Weidener Wohnung vor, um ihn zu verhaften und ins KZ Dachau einzuliefern. Den altgedienten Genossen und Gewerkschafter rettet in diesen Tagen das allgemeine Durcheinander der frühen NS-Zeit, in der die SA-Sturmtrupps parallel zu gesetzlich legitimierten Amtshandlungen der Behörden willkürliche Verhaftungen vornehmen. Doch nach diesen ersten, chaotischen Tagen der Machtergreifung herrscht wieder Ordnung im Reich; Nikolaus Rott wird zum Aktenvorgang der »Deutschen Reichsbahn-Gesellschaft« (sie existiert noch bis 1937) und des »Bezirks-Vertrauensrates« der Reichsbahndirektion Regensburg. Das »Gesetz zur Wiederherstellung des Berufsbeamtentums« ist auf ihn, den Handwerker, nicht anwendbar; so entscheidet der Bezirks-Vertrauensrat nach Rücksprache mit der Partei über das weitere Schicksal des Nikolaus Rott:

Am 31. Mai 1933 teilt der Vorstand des Reichsbahnbetriebsamtes Schwandorf der Direktion Regensburg mit: »Rott (ist) ein eingefleischter Anhänger der SPD, der sich (...) heute noch nicht zur nationalen Regierung bekennt. Seine Einstellung gegen die jetzige Regierung hat er offenkundig ausgedrückt, als ihm von seiner derzeitigen Dienststelle angeboten wurde, er könne seine Arbeit wieder aufnehmen, wenn er sich schriftlich verpflichte, daß er sich nicht mehr gegen die jetzige Regierung betätigen werde. Er lehnte dieses Anerbieten ab mit der Bemerkung, er könne das nicht, er bleibe seiner Gesinnung treu bis in den Tod.«
Am 19. November 1934 schreibt der Bezirksvertrauensrat der Reichsbahndirektion Regensburg: »Eine Wiederaufnahme (in die Reichsbahn) des aus politischen Gründen verwendeten Vertragsschrankenwärters Rott Nikolaus dürfte nach Rücksprache mit den Vertrauensräten des Bw Weiden nicht in Frage kommen. Der Werkfrieden dürfte nach Ansicht der Vertrauensräte nicht gesichert sein.« Am 22. Juli 1935 informiert das Weidener Bahnbetriebswerk

den Vorstand des Reichsbahn-Maschinenamtes: »Nach Erkundigung bei der Ortsgruppe der NSDAP ist dieselbe grundsätzlich gegen eine Wiederaufnahme des Rott beim Bw Weiden. Wir sind ebenfalls der Ansicht, daß durch eine Übernahme des Rott der Werkfriede im Bw nicht gewahrt bleiben würde.« Am 9. August 1937 geht eine Anweisung des NSDAP-Kreisleiters Bacherl an die Reichsbahndirektion Regensburg: »Ich halte es nicht für angebracht, den Vertragsschrankenwärter Nikolaus Rott im Bw Weiden zu beschäftigen. Rott war einer der führenden Roten in Weiden und ist bei allen Parteigenossen noch in guter Erinnerung. (...) Wünsche also keine Verwendung in Weiden!« Kurz darauf, am 20. September 1937 teilt der Werkdirektor des Ausbesserungswerkes Weiden der Reichsbahndirektion Regensburg mit: »Mit Rücksicht auf die frühere politische Tätigkeit halten wir eine Wiederverwendung in Weiden nicht für zweckmäßig. Es kann nur die Überweisung an einen anderen Ort, womöglich eine größere Stadt in Frage kommen.«

1938 darf Nikolaus Rott seinen einsamen Vertragsschrankenwärterposten verlassen; die Reichsbahn stellt den Schlosser wieder ein. Da seine frühere Dienststelle seine Aufnahme verweigert, wird er von der Weidener Bahnmeisterei I übernommen. Rott bewirbt sich auf eine Lokführerstelle. Das Maschinenamt Weiden bescheinigt ihm in seinem Schreiben vom 14. November 1939, daß während seiner Dienstzeit »keine Mängel bekannt geworden (seien), die gegen die politische Zuverlässigkeit des Rott sprechen«. Allerdings sei es aufgrund des vorliegenden Personalbogens erforderlich, eine »eingehende Nachprüfung der politischen Zuverlässigkeit durch die NSDAP« zu veranlassen. Das Parteigutachten wird am 28. September 1940 erstellt; Kernaussage: »Der Schlosser Nikolaus Rott bietet (...) auch jetzt noch nicht die unbedingte Gewähr dafür, daß er jederzeit rückhaltlos für den nationalsozialistischen Staat eintritt. Die Gauleitung Bayrische Ostmark der NSDAP lehnt seine Ernennung zum Beamten ab.« Und am 15. Oktober des gleichen Jahres geht eine dienstliche Anweisung der Reichsbahndirektion Regensburg an Rotts Dienststelle: »Dem Rott sind seine Mängel bekanntzugeben. Wegen seines Verhaltens ist ihm ernstlich Vorhalt zu machen. Wenn er seine Einstellung gegenüber dem nationalsozialistischen Staat nicht grundlegend ändert, kann er nicht Arbeiter der Deutschen Reichsbahn bleiben. Dies ist ihm gegen Unterschrift zu eröffnen.«

Gemäß der dem NS-Staat eigenen Logik tut die Reichsbahn gut daran, Nikolaus Rott für fünf Jahre zu isolieren und ihm auch nach einer Bewährungsfrist die Planstelle eines verbeamteten Lokführers zu verweigern. Denn weder erfüllt der Weidener die Bedingungen der »Allgemeinen Dienstpflichten« für Reichsbahnangestellte und -arbeiter vom 1. Mai 1934, »allen Volksgenossen Vorbild zu sein«, noch ist ihm glaubhaft zuzutrauen, den speziell für die Kriegszeit novellierten Personalvorschriften für öffentlich Bedienstete so weit zu folgen, »dem Führer (...) Treue bis zum Tod zu halten«. Der nunmehr Fünfzigjährige bleibt bis zum Kriegsende seiner Gesinnung treu: Aus einem Entnazifizierungsbogen vom Mai 1945 geht hervor, daß Nikolaus Rott außerhalb seiner Pflichtmitgliedschaften bei der »Deutschen Arbeitsfront« und dem »Nationalsozialistischen Kriegsopfer-Verband« keiner der vielen NS-Organisationen beigetreten ist. Und in einer Anlage zum Fragebogen bestätigt ein Dr. Hoffmann, »daß Herr Nikolaus Rott in schwerster Zeit, als meine Frau wegen ihrer Rassenangehörigkeit als Jüdin flüchten mußte, sie im vollen Bewußtsein der Gefahr in seinem Haus aufnahm, um sie dem Zugriff der Gestapo zu entziehen«. Aus Rotts Lebenslauf geht hervor, daß er die genannte Jüdin insgesamt vierzehn Monate versteckt, bis zum Einzug der US-Truppen in Weiden. Und dies, obwohl er sich als politisch einschlägig bekannter Mann wohl nach wie vor im Visier der Weidener NS-Funktionäre befindet.

Führer und Gefolgschaft

Das Schicksal des Vorhandwerkers Nikolaus Rott ist kein Einzelfall in der Geschichte der Reichsbahn nach 1933. Doch es ist auch nicht die Regel: Die Bahn als Lebensader der Nation muß weiterlaufen, kann es sich weniger als andere Reichsbetriebe leisten, Fachkräfte aus politischen Gründen zu entlassen. So werden politisch unzuverlässige Reichsbahner zwar öfters versetzt und damit aus ihrem früheren politischen Umfeld entfernt, sie verlieren ihre Vorgesetztenpositionen und werden bei Beförderungen übergangen, doch beläßt man sie in der Regel auf ihren angestammten Dienstposten. Das »Gesetz zur Ordnung der nationalen Arbeit« schafft am 20. Januar 1934 Befehls- und Überwachungsstrukturen, die auch bei der Reichsbahn dafür sorgen sollen, daß sich niemand gegen die »Betriebsgemeinschaft« stellt: Ein »Betriebsführer« entscheidet gegenüber der »Gefolgschaft« in allen betrieblichen Angelegenheiten; die Gefolgschaft hat ihm »die in der Betriebsgemeinschaft begründete Treue zu halten«. Der »Vertrauensrat« hat die Pflicht, »das gegenseitige Vertrauen innerhalb der Betriebsgemeinschaft zu vertiefen«; er wird bis 1937 auf Einheitslisten gewählt, danach von ihm vorgesetzten überbetrieblichen »Treuhändern der Arbeit« berufen bzw. abberufen. Diese wiederum sind dem Reichsarbeitsminister und dem Reichswirtschaftsminister unterstellt. Alle diese Posten werden in der Regel von zuverlässigen Parteimitgliedern besetzt; der Hamburger Hermann Griebe erinnert sich: »Ständig stand einer neben dir, egal, was du machen wolltest.«

Paul Distelhut, nach fast vier Jahren Arbeitslosigkeit 1937 als Rotten- und Rangierarbeiter für den Bahnhof Mainz-Bischofsheim dienstverpflichtet, spürt anfangs wenig von diesem Überwachungssystem. »Außer ein paar alten Kämpfern« sind hauptsächlich frühere SPD-Genossen auf seiner Dienststelle, sorgen für ein erträgliches Betriebsklima. Zudem bringt das sozialpolitische Programm der

NSDAP zunächst Verbesserungen im Lohn-, Gehalts- und Arbeitszeitbereich: Die »Dienst- und Lohnordnung für Arbeiter und Angestellte der Deutschen Reichsbahn« vom 1. Mai 1934, kurz »Dilo«, gewährt erhöhte Kinderzulagen, »Treuegeld« und andere Leistungszulagen und reformiert die bisherigen Dienstalterregelungen. Auch die Reichsbahnbeamten kommen bald in den Genuß höherer Gehälter; ihre Bezüge werden per Erlaß vom 1. Februar 1934 denen der übrigen Reichsbeamten angeglichen. Zwei Jahre später, im Februar 1937, schafft das »Gesetz zur Neuregelung der Verhältnisse der Reichsbank und der Deutschen Reichsbahn« endgültig das 1924 beschlossene »Zwei-Klassen-Recht« für Beamte ab; alle Reichsbahnbeamten sind wieder unmittelbare Reichsbeamte.

Doch was in Friedenszeiten aufgebaut wird, reißen die Kriegspläne Hitlers wieder ein. Es beginnt noch vor Kriegsanfang mit Lohnkürzungen und entwickelt sich bis 1942, der Zeit der ersten großen Niederlagen an der Ostfront, zu kaum erträglichen Arbeitsbedingungen: Für Paul Distelhut werden 64 Wochenstunden die Regel; im 3-Schicht-Dienst, Sonntag inklusive, wird die kriegswichtige Maschinerie der Reichsbahn auf Hochtouren gehalten. Manche Kollegen kommen nur alle drei Tage nach Hause. Und die Reichsbahnführung verlangt unter dem Motto »Räder müssen rollen für den Sieg« ihren Bediensteten immer neue Höchstleistungen ab: »Jeder Wagen mehr – Stahl für 1000 Granaten«, rechnen ihnen allenthalben Plakate vor, oder auch: »Jeder Wagen mehr – 8 Tage Kartoffeln für 2000 Familien«. Sozialleistungen für die Eisenbahner kommen dabei zu kurz; die Fürsorgepflicht der Vertrauensräte weicht dem Produktionsdruck. Paul Distelhut berichtet von »verheerenden Zuständen« auf der Strecke: »Aufwärmen? In einer ungeheizten Rattenbude. Ein Klo für vierzig bis fünfzig Mann; wenn einer austreten wollte, hat er lieber den Hemmschuh genommen und ein Loch gebuddelt.« Paul Distelhut wird sich bald unter noch schlimmeren Bedingungen behaupten müssen, denn 1943 zieht die Wehrmacht den inzwischen neunundzwanzigjährigen Ehemann und Vater zur Infanterie ein. Ende 1944 wird er im Aachener Kessel schwer verwundet, erlebt das Kriegsende in einem Kriegsgefangenenlazarett, das ihn noch 1945 als Schwerbeschädigten in die Heimat entläßt.

Wie lebt, was erlebt ein Eisenbahner zwischen 1933 und 1945? Antworten gibt es so viele wie es Eisenbahner gab. Das Schicksal des Nikolaus Rott läßt sich in Grundzügen aus Akten rekonstruieren; für seine Gefühle und Befindlichkeiten gibt es keine dokumentarischen Belege. Die Biographie des Paul Distelhut, von ihm erfragt, beschränkt sich auf einige Strukturdaten; selten, daß er etwas Persönliches erzählt. Ganz anders Fritz Dreher, der sensible Einzelgänger: Sein stark ausgeprägtes, von Gefühlen eingefärbtes Langzeitgedächtnis wirft Erlebnisse und Stimmungsbilder wie ein Projektor an eine überdimensionale Leinwand. Es ist unmöglich, von seinen Erzählungen nicht gefesselt zu werden. Und diese Erzählungen bringen auch dem Nachgeborenen nahe, was das »Dritte Reich« für diejenigen, die es erleben mußten, bedeuten konnte:

Im Mai 1933 wird der Ex-Kommunist und Gewerkschafter für ein halbes Jahr entlassen; dann darf der frühere Personalsachbearbeiter zuerst in Stuttgart-Zuffenhausen, dann im Bahnbetriebswerk Stuttgart Waggons reinigen. Im Jahr darauf holt ihn ein Personalbeamter ins Büro zurück, betraut ihn mit der Bearbeitung von Sozialversicherungs- und Krankenkassen-Angelegenheiten. Fritz Dreher bekommt erste Einblicke in das Spitzelwesen bei der Reichsbahn; ein Ex-Kommunist aus Ludwigsburg etwa schreibt allmonatlich Stimmungsberichte an die Reichsbahndirektion, trägt »das Hakenkreuz unter dem Revers«. Ein doppelt amputierter Personalbeamter, Vertrauensperson und Parteimitglied, gibt Geschichten eines Freundes zum Besten – dieser Freund ist Wächter im ersten Konzentrationslager des Reiches, in Dachau. Fritz Dreher flüchtet sich aus dieser bedrückenden Atmosphäre in die Welt seiner Jugend, unternimmt mit freireligiösen Jugendlichen Ausflüge in den Schwarzwald, bereitet sie auf die Jugendweihe vor – bis 1935: »Dann wurde es zu gefährlich.« Zweimal im Jahr trifft er sich mit seinen einzigen Freunden, drei Schriftsetzern der »Stuttgarter Zeitung« im Kloster Andechs, bei Pater Alfred; nur dort fühlt er sich vor Spitzeln sicher, kann sich unbesorgt austauschen über das, was er im Dienst erlebt und erfährt, »wie in einem Beichtstuhl«. Doch 1936 muß er auch diese Treffen einstellen; angesichts einer zunehmenden Verhaftungswelle fühlen sich die Freunde nicht mehr sicher genug.

Mit Kriegsbeginn 1939 wird die Personaldecke bei der Reichsbahn dünner; Fritz Dreher, der wegen Gelenkentzündungen und einer Herzerkrankung zweimal ausgemustert und vom Kriegsdienst freigestellt wird, bewirbt sich für die Beamtenlaufbahn. Sicherheitsbedürfnis treibt ihn zu diesem Schritt, der ihm eigentlich gegen den Strich geht, das »Elend im Nacken«, das er seit seiner Kindheit nicht vergessen kann. Doch angesichts seines Gesundheitszustandes und der Eintragungen im Personalbogen (Marxist, Gewerkschafter) hat seine Laufbahnbewerbung keine Chance. Dreher bleibt als Angestellter im Bürodienst des Bahnbetriebswerkes Stuttgart. Als ihm kurz darauf die Versetzung auf einen Bauzug nach Polen droht – er soll dort die Lohnabrechnung machen –, erkrankt Dreher aufs neue, bekommt gefährliche Magenblutungen: »Die waren politischer Natur«, meint er heute, »du hast in dieser Zeit immer Bauchweh gehabt!« In diesem Fall rettet ihm die erneute Erkrankung wahrscheinlich das Leben; es wird kolportiert, der besagte Bauzug sei von Partisanen in die Luft gesprengt worden.

Was Fritz Dreher in dieser Zeit auf den Magen schlägt, ist schlicht und einfach Angst: »Und dann wirst du entweder verrückt oder krank oder du nimmst dir gleich einen Strick! Und ich habe immer Angst gehabt.« Ein Grund dafür ist das Doppelleben, das der empfindsame Mittdreißiger führen muß. Denn mit seinen politischen und privaten Nöten bleibt er auch in den eigenen vier Wänden allein. »Man war unsicher in der eigenen Familie«, erinnert sich Dreher, »das war eine Zerrissenheit, die der Nationalsozialismus geprägt hat. Das war grauenhaft!« Und überdies gefährlich. Denn die Ehefrau ahnt nichts davon, daß ihr Mann konspirativ tätig ist, sich während des Krieges regelmäßig mit »Kommunisten, Anarchisten, Syndikalisten, Naturfreunden, Freigeistern ...« trifft. Man spielt Schach oder Karten, tauscht Gedanken und britische Radiomeldungen aus. Vor allem aber macht eine Zeitschrift die Runde, die ein Kommunist im Rucksack regelmäßig über die Schweizer Grenze schmuggelt: »Blick in die Zeit« heißt das Blatt, enthält US-amerikanische Analysen der deutschen Kriegswirtschaft und ihrer internationalen Verflechtungen. Fritz Dreher stößt bei der Lektüre auf zwei Themen, die ihn sein Lebtag nicht mehr loslassen werden: die Unterstützung der deutschen Kriegswirtschaft durch US-Konzerne zum einen, die Verwendung der Rücklagen aus Sozial- und Rentenversicherungen für die Rüstungsproduktion zum anderen. Noch heute seien die verbrauchten Rücklagen nicht ersetzt, konstatiert Dreher, statt dessen würden weitere Löcher ins Sozialsystem gerissen, um eine expandierende Rüstung zu finanzieren.

Ein weiteres Thema brennt dem nunmehr über 80jährigen auf der Seele: die Legitimation von Sabotageakten während des Krieges. Denn als Fahrdienstleiter im schwäbischen Aschberg hat Dreher zunehmend Rüstungstransporte abzufertigen; auch V-Waffen werden unter hoher Geheimhaltung auf jeweils zwei Waggons, die früher für Strohtransporte dienten, durch seinen Bahnhof geschleust. Fritz Dreher weiß sehr wohl, wie solche Transporte zu stoppen sind: »Im englischen Sender kam erst Beethoven (›Freude schöner Götterfunken‹) zu einer gewissen Stunde. Und dann haben sie uns Eisenbahner aufgefordert, Sabotage zu treiben,

(...) haben uns geraten, in die Schmierbüchsen Sand reinzustreuen, damit die Achsen heißlaufen.« Daß Dreher an solchen Sabotageakten beteiligt war, läßt sich seinen Erzählungen nicht entnehmen.

Die restlichen Erinnerungen des Fritz Dreher an die NS-Zeit sprechen für sich, kommentieren sich selbst: Während des Polenfeldzuges quartieren sich bei einer Freundin seiner Frau zwei SS-Leute ein, »ein Langer aus Südtirol und ein Kleiner aus Berlin«. Sie erzählen ohne Scheu von ihren Erfahrungen im Hinterland der Front, von ersten Liquidationen polnischer Zivilisten, Männern wie Frauen. Auf dem Verladebahnhof Kornwestheim bekommt er erstmals russische Kriegsgefangene zu Gesicht; sie werden in vernagelten Gepäckwaggons transportiert. Mit der Mistgabel schaufelt SS tote Russen aus den Wagen; sie landen in einem Massengrab auf dem Kornwestheimer Friedhof. Nach Fliegerangriffen auf Stuttgart findet er einen Aufsichtsbeamten »kleingebrannt« neben den Gleisen. »Wenn du das alles erzählst«, resümiert Fritz Dreher, »dann kommt alles wieder. Vor allem die Angst!«

Kriegsalltag

Weniger Angst, eher Trauer und hilfloser Zorn bewegt den Hamburger Hermann Griebe, Jahrgang 1916, wenn er sich der NS-Zeit erinnert. Und dies, obwohl er gern betont, welches Glück im Unglück ihn persönlich getroffen hätte: Glück, daß ein Vorgesetzter ihm die Weiterbildung bei der Reichsbahn ermöglicht; Glück, daß er als Soldat ohne Verwundung durch den Krieg kommt; Glück, daß er als Kriegsgefangener nicht in eins der großen, berüchtigten Lager kommt; Glück schließlich, daß er mitten im Krieg seine Elvira heiratet und Vater wird.

Doch so glücklich sieht der Alltag des Heranwachsenden nicht aus: Die ersten Jahre nach 1933 schlägt er sich als

Hilfsarbeiter durch, wird zur Landhilfe eingezogen und landet prompt beim »ersten Nazi im Dorf«. Er muß sehr vorsichtig sein in diesem halben Jahr, und das mit seinem »Mundwerk, das immer schon eine Ecke voraus war«. Noch einmal ißt er das Brot des Erwerbslosen, dann 1937, stellt ihn die Reichsbahn ein. Von der Bahnmeisterei Winsen an der Luhe wird er bald in das Dorf seiner Großeltern versetzt, zum Bahnhof Meckelfeld unweit von Hamburg-Harburg. Und dort trifft er auf einen Chef, der ihm wohlgesonnen ist, ihm einige Sprossen auf der beruflichen Leiter höher hilft: Nach reiner Hilfsarbeitertätigkeit, Fenster putzen, Toiletten säubern, Teppich klopfen avanciert der Einundzwanzigjährige zum »Fahrkartenknipser«; kurz darauf wird er auf dem Stellwerk zum Weichenwärter ausgebildet.

Der berufliche Aufstieg bricht unvermittelt ab, als sein Jahrgang zum Militärdienst ansteht; noch im gleichen Jahr 1937 wird Hermann Griebe zur Luftwaffe in Braunschweig eingezogen. Seiner Entlassung kommt der Kriegsbeginn zuvor: »Ich weiß das noch wie heute. Ich war ein alter, aktiver Sportler, und wir spielten gerade Faustball. Da pfiff der Spieß und sagte ›Mobilmachung!‹ Das war am 25. August 1939, und am 26. August hatte ich Geburtstag. Das Datum werde ich nie vergessen.« Als Funker macht er den Polenfeldzug mit, trifft dort auch auf die sowjetrussischen Verbündeten; dann verschlägt es ihn zur neuen Aufmusterung ins Rheinland: »Man merkte ja schon jeden Tag, es kann auch im Westen losgehen.« Hermann Griebe dient sich in seinen ersten zwei Kriegsjahren zum Stabsgefreiten hoch, dem »Dienstgrad der Nation«; man versetzt ihn zur Reserve in Schlesien, will einen Unteroffizier aus ihm machen. Doch in diesem Jahr 1941 reklamiert ihn die Reichsbahn, die ihre allzu knappe Personaldecke stopfen muß; auf seinem Heimatbahnhof Meckelfeld wird der gelernte Weichenwärter zum Fahrdienstleiter fortgebildet.

Aus seiner Soldatenzeit berichtet der Hamburger ganz locker, im Landserton; wie tief die Erlebnisse etwa in Polen gegangen sind, wird kaum sichtbar hinter dieser fast mühelos aufgebauten Fassade. Doch bei der Schilderung eines Erlebnisses als Fahrdienstleiter verliert Hermann Griebe die Fassung: »Ich habe die Transporte miterlebt, und da kamen die Züge von Hamburg. Da war das große KZ, was keiner wußte, bis eines Tages ein Zug mit KZ-Häftlingen kam. Der fuhr bis zum Bahnhof Meckelfeld und wurde dort entladen. Da waren aber schon viele tot. Sie stellten sich in einer Kolonne auf und marschierten über unsere Ladestraße. Ich war Aufsichtsbeamter, ich stand da und hätte heulen können. Was sollte ich denn machen? Ich war der einzige, der nicht in der Partei war auf dem ganzen Bahnhof! Die marschierten vorbei und ich stand da und konnte nichts tun. Ich hätte sie gerne aufgehoben und ihnen ein Stück Brot gegeben. Und dann sind sie in den Wald gegangen und haben Panzergräben gezogen, und dann kamen sie nachmittags wieder. Wir kannten ja die Kolonne. Und da habe ich mich gefragt, wo sind die denn bloße alle? Da hatten sie die Hälfte schon verscharrt, weil die nicht mehr konnten!«

Die KZ-Häftlinge, die in Meckelfeld ausgeladen werden – »alles Kriminelle« hört Griebe später von seinen Kollegen –, gehören wahrscheinlich zu einem Außenkommando des riesigen Hamburger KZ Neuengamme, das 1940 errichtet wird, um entlang der Elbe repräsentative »Führerbauten« zu errichten. Die russischen, polnischen, jüdischen Häftlinge dieses selbständigen KZ der »Lagerstufe II« (»Vernichtung durch Arbeit«) sind in den Folgejahren in und um Hamburg nicht zu übersehen; sie werden von der SS für Tagesmieten zwischen vier und sechs Reichsmark an ansässige und auswärtige Großbetriebe ausgeliehen: Blohm &Voss, Büssing, Continental, Deutsche Werft, Hanomag, Volkswagen. Ab 1943 dann setzt die SS sie als Bombenentschärfer und Trümmerräumkommandos in der Hamburger Innenstadt ein. Hermann Griebe weiß nichts von diesen Hintergründen; er wird 1943 erneut als Funker eingezogen und erlebt das Kriegsende als Kriegsgefangener der Briten,

Hermann Griebe:
in Uniform (1940) . . .

. . . und in Zivil (1942).

räumt seinerseits Trümmer in der zerbombten Metropole. Über die Elbbrücken setzt er sich schließlich zu seiner Familie ab.

Daß hinter den Kriegserlebnissen des Hermann Griebe mehr steckt als Landserromantik oder Thekensentimentalität, wird deutlich, wenn er voller Stolz von zwei Kriegsdienstverweigerern unter seinen drei Söhnen erzählt. Der neunundzwanzigjährige Kriegsheimkehrer baut in der Nachkriegszeit sein Leben als Gewerkschafter auf drei Fundamenten auf: Sozialismus, Atheismus und Antimilitarismus. Und noch einer Tradition bleibt Hermann Griebe treu: dem Arbeitersport; als Schiedsrichter des Deutschen Fußballbundes.

»Natürlich kann man sich seine Eltern und die Zeit, in die man geboren wird, nicht aussuchen«, schreibt der Arbeiterschriftsteller Max von der Grün zu Beginn einer autobiographischen Kollage, die er mit einer Frage an sich selbst betitelt: »Wie war das eigentlich? Kindheit und Jugend im Dritten Reich«. Kinder, Jugendliche, Heranwachsende erleben das sie umgebende historische Geschehen aus der Froschperspektive, zumal dann, wenn sie eine Alternative zur Diktatur gar nicht oder nur aus frühkindlicher Erinnerung her kennen. Zu denjenigen, die ihre schulische, berufliche und frühe politische Sozialisation im »Dritten Reich« erfahren, gehört Margarete »Gretel« Rabic, Jahrgang 1920, zur Zeit der Machtergreifung dreizehn Jahre alt. Was sie unterscheidet von Nikolaus Rott, Gretel Schneider, August Trocha, Fritz Dreher, Willi Komorowski, Paul Distelhut und – durch knappe, dennoch entscheidende vier Jahre auch von Hermann Griebe – ist die fehlende Verwurzelung in einer intakten Arbeiterbewegung und die mangelnde politische Erfahrung einer Republik. Was sie mit den Älteren verbindet, ist ihr Berufsbeginn bei der Reichsbahn, das bewußte Erleben des Kriegsalltages und die Zukunft als Eisenbahngewerkschafterin.

Gretel Rabic wächst in einem kleinen Ort unweit von Nürnberg auf. Das elterliche Milieu ist »kleinbürgerlich«; der Vater, Reichsbahnbeamter, gehört keiner Partei an, ist bis 1933 passives Mitglied einer Gewerkschaft; welcher Gewerkschaft, weiß Gretel nicht. Die prägende Kraft in der Familie geht von der Mutter aus, eine »sehr selbständige emanzipierte Frau mit Gedanken und Ideen, die schon sehr frei waren«. Sie sorgt auch dafür, daß Gretel nicht zum »Bund Deutscher Mädel« (BDM) kommt, allen Anfeindungen zum Trotz in der Stadt der Reichsparteitage. Eine Nachbarin etwa macht dem Mädchen klar, sie sei »kein deutsches Mädel«, wenn sie nicht »dabei« wäre. »Dabei« ist Gretel Rabic im Sinne dieser Nachbarin tatsächlich nicht; sie findet Ansprechpartner vor allem in der verbotenen »Bündischen Jugend«, die katholisches Gedankengut mit der Naturverbundenheit und dem Liedgut der Wandervogelbewegung verknüpft. Auf dem Weg zu einem dieser Treffen hat Gretel Rabic die bündische Fahne im Gepäck; obwohl es immer wieder zu Hausdurchsuchungen kommt, denkt sie, »weil man so jung ist, noch nicht an all diese Gefahren«. In der gleichen Zeit absolviert die nun Siebzehnjährige ein wichtiges Jahr ihrer Schulzeit hinter Klostermauern, lernt bei den »englischen Fräuleins« religiöse Toleranz und offene Denkansätze kennen und schätzen; ein Unding in der ansonsten weitgehend gleichgeschalteten schulischen Landschaft. 1937 wird folgerichtig die Klosterschule geschlossen; auch die Bündische Jugend trifft sich nicht länger, nachdem die zuletzt genutzte Zuflucht hinter den Klostermauern entfällt.

»Man hat Angst gehabt, wenn man zu jemandem etwas gesagt hatte«, das ist Gretels prägende Erinnerung an diese Jugend, »der Druck daheim war, daß man nach außen nichts rausträgt.« Sie entsinnt sich eines elterlichen Gesprächs, in dessen Verlauf moralische Empörung zum Politikum wird: »Da ist jemand von der Partei zu den Mädchen in die Schule gegangen und hat ihnen gesagt: ›Werdet Mütter, ob in oder außer der Ehe!‹ Mein Vater und meine Mutter haben darüber furchtbar geschimpft, (...) haben gesagt, die bräuchten ja nur junge Leute für den Krieg.« Solche und ähnliche Äußerungen können zunehmend gefährlich werden; eine Tante mütterlicherseits wird allein deshalb nicht mehr besucht, weil es einmal zu einer politischen Auseinandersetzung zwischen den Schwestern gekommen war. Und in einem Zugabteil wird Gretel von zwei gleichaltrigen Mädchen ins Gespräch gezogen, vergißt, ihre allzu schnelle Zunge zu hüten: »Und in Nürnberg ist uns eingefallen, was wir getan haben – die haben mich nicht gekannt, ich habe die nicht gekannt!« Die »Unfreiheit der Meinungen« nennt Gretel Rabic im nachhinein als ihr »schrecklichstes Erlebnis in der NS-Zeit«: »Unsere Jugend war von Grund auf dahin!«

Auch Gretels Start ins Berufsleben bleibt von den politischen Verhältnissen nicht unberührt. Sie absolviert nach der mittleren Reife bei einer jüdischen Firma ihre kaufmännische Lehre, ist kurz vor der Kaufmannsgehilfenprüfung, als im November 1938 in Nürnberg, wie überall im Reich, der »organisierte Volkszorn« gegen jüdische Geschäfte und Synagogen losbricht: »Da kamen Leute mit verweinten Augen ins Büro, (...) ein grauhaariger Herr hat ganz furchtbar ausgesehen. Dem hatten sie die Wohnung zusammengeschlagen, und der ist dann noch nach London weggekommen. Wir haben dann noch die ganze Übernahme erlebt; die Firma wurde für einen Appel und ein Ei an den Sohn eines Bankdirektors in Kassel übergeben.« Gretel Rabic macht kurz nach der »Reichskristallnacht« noch ihre Prüfung, hat im Februar ausgelernt und kündigt zum 1. April; sie will dem neuen Herren nicht länger dienen. Der Vater verschafft ihr eine Stellung bei der Reichsbahn, in der Hollerith-Abteilung, der Datenverarbeitung der vierziger Jahre. »Es war anfangs schlimm«, schildert sie ihre ersten Erfahrungen mit Lochstreifen und Lochkarten, »doch als dann der Krieg begonnen hatte, war ich froh. Die anderen mußten zur Flak und ich war bei der Eisenbahn ganz abgeschirmt.«

In den Kriegsjahren benötigt die Reichsbahn zunehmend

Frauen für freigewordene Posten; als Schaffnerinnen, Aufsichtsbeamtinnen, Schrankenwärterinnen oder Nachrichtenhelferinnen sollen sie die Männer an der Heimatfront ersetzen. Mit großen Plakataktionen mobilisiert die Bahn die weibliche Reservearmee: »Komm! Die Deutsche Reichsbahn braucht (dich) für ihren kriegswichtigen und lebendigen Einsatz«. Musterfrauen werben für selbstlosen, vaterländischen Dienst auf Männerarbeitsplätzen; so etwa die »Schrankenwärterin Gerda Hülsenbeck«: »Als zu Beginn des Krieges der invalide Schrankenwärter Joseph Hülsenbeck aus Lennep starb, da hat seine Frau Gerda den Schrankenwärterdienst übernommen«, weiß ein Plakat der Anwerbeserie zu berichten; »›Selbstverständlich! Da muß der Tag eben ein paar Stunden mehr für mich haben‹ hat sie still gesagt. Mit höchster Gewissenhaftigkeit und Zuverlässigkeit erfüllt sie, die keineswegs mehr die jüngste ist, nun die neuen verantwortungsvollen Pflichten, die das Amt des Schrankenwärters auferlegt neben der Sorge für die Kinder – neben der Betreuung von Haus, Garten und Kleinvieh. Hut ab vor dieser beispielhaften Frau (...)!«

Daß Gerda Hülsenbeck wie so viele Frauen der Parole »Räder müssen rollen für den Sieg« vor allem deshalb folgen, damit sie ihre Kinder ernähren können, weiß Gretel Rabic; ihr ist auch bewußt, daß diese als so vorbildhaft gepriesenen Eisenbahnerinnen täglich zehn bis zwölf Stunden bei einem Zweidrittel-Männerlohn arbeiten müssen. Als sie dann nach Kriegsende erlebt, daß die fast 150 000 Frauen bei der Bahn frag- und klaglos an den heimischen Herd geschickt werden, um ihren heimkehrenden Männern Platz zu machen, entschließt sich Gretel Rabic, etwas gegen diese männliche Ausbeutung einer weiblichen »Reservearmee« zu tun: als Betriebsrätin, Gewerkschaftsfunktionärin und, später, als erste Frauensekretärin im Hauptvorstand der Gewerkschaft der Eisenbahner Deutschlands in Frankfurt.

KAPITEL 7

Konspiration

Ein primitiv hektographiertes Blatt, der Kopf mit schwarzer Tusche freihändig gezeichnet, eine stilisierte Faust hält ein Gleissignal; es steht rechts nach oben: Fahrt frei! »Fahrt frei« auch der Titel des Flugblattes, das im Oktober 1936 erstmals in Deutschland verteilt wird. Es richtet sich an die Mitglieder einer Gewerkschaft, die seit dreieinhalb Jahren verboten ist, an den »Einheitsverband der Eisenbahner Deutschlands«. »Fahrt frei«, so ist dem Flugblatt zu entnehmen, will »die Lauen aufrütteln und den Mut und die Entschlossenheit (...) der aktiven Kämpfer stärken.« Ihre vornehmste Aufgabe sehen die Verfasser im »rücksichtslose(n) Kampf (gegen) das korrupte Nazisystem«. Unterzeichnet: »Die Reichsleitung«.

Eine Unterzeile dieses Blattes erklärt, wie es zur Auferstehung der zerschlagenen Gewerkschaft kommen konnte: Der Zusatz »Sektion der I.T.F.« ergänzt den Herausgeber »Einheitsverband der Eisenbahner Deutschlands«. I.T.F.: Das ist die »Internationale Transportarbeiter-Föderation«, ein Zusammenschluß von Eisenbahnern und Transportarbeitern, Seeleuten, Hafenarbeitern und Flußschiffern, gegründet 1898 in London; später stößt das Personal der noch jungen Luftfahrt dazu. Bereits in den zwanziger Jahren sammelt dieser internationale Dachverband Erfahrungen mit faschistischen Systemen, unterstützt antifaschistische Gewerkschaftskader u. a. im Italien des »Duce« Mussolini oder im Polen des Marschalls Pilsudski. Die Kapitulation der deutschen Gewerkschaften vor dem NS-Regime stößt deshalb im I.T.F. auf strikte Ablehnung; in der Folgezeit müht sich vor allem der holländische Generalsekretär Edo

Fimmen um den Aufbau einer gewerkschaftlichen Widerstandsorganisation im Deutschen Reich. Der 1933 emigrierte EdED-Funktionär Hans Jahn wird mit seiner Ehefrau zur zentralen Figur des Eisenbahner-Widerstandes.

Schon 1932 probt Hans Jahn, der anders als viele seiner Kollegen Deutschlands Weg in die Diktatur nicht ausschließen mag, Gewerkschaftsarbeit unter den Bedingungen der Illegalität: Er installiert in Sachsen ein Informationsnetz mit motorisierten Kurieren, die jeweils nur ihren nächsten Adressaten kennen. Per Rückmeldung wird die gelungene oder auch mißlungene Informationsübermittlung an jeder Stelle des Netzes überprüft. Sind – über drei, vier Stationen – alle Informationen an die »Endverbraucher« gelangt, und ist die Zentrale von diesen telefonisch verständigt (sie allein ist allen Gliedern der Kette bekannt), kann die geplante Aktion beginnen. In Sachsen gelingt die Generalprobe; die Blockade aller wichtigen Eisenbahnstrecken läuft verabredungsgemäß ab.

In der Weimarer Zeit kommt das System nicht mehr zum Einsatz; Jahn kann seine Kollegen im Eisenbahnerverband von der Notwendigkeit solcher Aktionen nicht überzeugen. Doch nach der Machtergreifung nutzt er die sächsischen Erfahrungen, um ein ähnliches Informationssystem im »Dritten Reich« zu installieren. Aus insgesamt 17 000 Karteikarten sucht er ca. hundert ihm persönlich bekannte Eisenbahngewerkschafter aus und besucht sie in der Folgezeit, getarnt als Versicherungsvertreter. Doch es braucht noch zwei Jahre und mehrere nationale und internationale Treffen, bis das illegale Netz in seinen Hauptsträngen geknüpft ist. Im Frühjahr 1935 steht die Organisation, eingeteilt in neunzehn Gaue. Der erste Gau »Westliches Industriegebiet« ist dabei am weitesten fortgeschritten; unter den Kadern finden sich bekannte Namen: Bezirksleiter des Bezirkes V (»Bahnlinie Köln–Koblenz–Trier, Gerolstein–Köln, Vorort: Köln«) wird Max Pester, der ehemalige, so bewunderte Lehrgeselle und väterliche Freund von Willi Komorowski. Bezirksleiter des Bezirkes IV (»Südliche Ruhr, Vorort: Opladen«) wird Willi Komorowski selbst. Und im Bezirk II (»Westliche Ruhr, Vorort: Krefeld«) übernimmt August Trocha den »Stützpunkt Duisburg«, bearbeitet in der Folgezeit den Raum Duisburg – Mülheim – Essen.

Der knapp dreißigjährige Duisburger behält, anders als viele seiner Gewerkschaftskollegen, auch nach der Gleichschaltung seinen Arbeitsplatz als Reichsbahnschlosser. Er profitiert dabei von einer verwandtschaftlichen Bindung, die ihn kurz zuvor aus dem Elternhaus getrieben hatte: An den Bruder eines SA-Mannes mit goldenem Parteiabzeichen und einer Mitgliedsnummer unter 100 000 trauen sich die Gleichschalter der DAF vorerst noch nicht heran. Und »wer die erste Zeit überstanden hatte«, erinnert sich Trocha, »der mußte schon einiges ausgefressen haben, bevor er rausgeworfen wurde«. Als Reichsbahner in Lohn und Brot eignet er sich hervorragend für konspirative Tätigkeit. Ein Kollege Bachmann bringt ihm allmonatlich mehrere Exemplare einer Zeitung mit Auslandsnachrichten, die Trocha weiterverteilen soll; ein legales Blatt, das ohne Gefahr weitergegeben werden kann: »Das war ja nicht verboten, das sollte ja nur dazu dienen, Kontakte zu pflegen.« Auf diese Weise landet Trocha bald bei Paul Emmen, Leiter des Bezirks »Westliche Ruhr«, in Krefeld und wird in neue, gefährlichere Aufgaben eingewiesen: Ihm obliegt künftig die Verteilung von I.T.F.-Werbematerial, das Hans Jahn in Amsterdam erstellt, und das von einem Bäcker, in holländische Backwaren und Hefepäckchen versteckt, aus dem Grenzort Venlo ins Ruhrgebiet geschmuggelt wird. Noch heute erinnert sich der Duisburger an Fragmente eines Spottgedichts auf den nationalsozialistischen Arierkult, das auf eines dieser Amsterdamer Flugblätter gedruckt war: »Hoch oben inmitten von Gletschern und Fjorden, da wohnen die Nordischsten aller im Norden. (. . .) Die Schweden, anstatt sich um Hitler zu scharen, die Dänen, auch untreu den nordischen Bräuchen: Sie ließen sich alle marxistisch verseuchen. (...) Ich hab so ein Zweifel, mir kommt so ein Ahnen, als wären das gar nicht die rechten Germanen, die heute in Deutschland auf Ariertum reisen! (...) Entweder sind alle Menschen der Welt jüdisch versippt und marxistisch vergällt, untermenschlich verweichlicht, verlogen oder in Deutschland wird furchtbar gelogen!« – »So etwas konnte man schon gut gebrauchen«, meint Trocha noch heute, »das gab immer ein wenig Auftrieb und Gelächter.« Eine alte Erkenntnis von Satirikern wie von Revolutionären: Daß Gelächter töten kann.

Wie die Gestapo ihm, Trocha, auf die Spur kommt, kann der Duisburger rekonstruieren. Eine Reihe von Indizien weist darauf hin, daß die Geheime Staatspolizei in einem Dorf an der Mosel auf einen von Max Pester geworbenen Eisenbahner aufmerksam wird, der frühere Betriebsratskollegen neu organisieren will; dieser Versuch spricht sich im Betriebswerk bald herum. Nach über einjähriger Observation führt diese Spur zum Bäcker Tillmann, der wiederum Trocha mit dem Material aus Holland versorgt. Am Ende dieser Ermittlungskette steht die Verhaftung des Duisburger Vertrauensmannes, am Vormittag des 25. Februar 1937: »Am Montag gehe ich zur Arbeit, gucke mich so um, (...) habe so ein ungutes Gefühl. Zu Hause hatte ich eine Broschüre über den Leipziger Prozeß, über den Reichstagsbrand, den sie einem Kommunisten in die Schuhe geschoben haben. Das hatte ich in einem Kästchen für Schuhputzzeug. Auf der Arbeit, gegen neun Uhr kommt der Meister zu mir (...), fragt mich: ›Haben Sie was gemacht? Da sind zwei Herren beim Pförtner; Sie sollen mal herauskommen.‹ Da schwante mir schon etwas: Das waren die Herren von der Geheimen Staatspolizei. Dann waren wir bei meiner Frau und sie haben den Wohnraum auf den Kopf gestellt, aber das Buch haben sie nicht gefunden. (...) Ich hatte aber auch 300 holländische Gulden, die hatte ich in der Küche unter der Kaffeemühle versteckt. Das haben sie auch nicht gefunden. Ich mußte mit ihnen zurück zur Werkbank, ob ich da Flugblätter hätte. Meinen Spind haben sie aufgemacht. Sie haben aber nichts gefunden. (...) Ja, und dann kam ich nach Düsseldorf ins Polizeipräsidium, zur Gestapo; da war ich bis Ende September. Und dann wurde ich mit anderen der Justiz überliefert, als die Vernehmungen zu Ende waren und die Staatsanwaltschaft alles in die Hände bekam...«

August Trocha landet im Dezember 1937 vor dem Oberlandesgericht Hamm. Die Staatsanwaltschaft beschuldigt ihn und acht weitere illegale Gewerkschafter, vornehmlich aus dem Bezirk III (»Bahnlinie Köln–Aachen–Rhein–holländische Grenze«) der »Vorbereitung eines hochverräterischen Unternehmens«; auch Konrad Roth, der frühere Mainzer Bezirksleiter und Chef von Gretel Schneider ist unter den Angeklagten. Die Indizien reichen zur Verurteilung aus; Trocha erhält mit drei Jahren Zuchthaus die höchste Strafe unter den Angeklagten. Konrad Roth wird mangels Beweisen freigesprochen.

Zwei Jahre und zwei Monate seiner Strafe verbüßt der Duisburger dann im Emsland; neun Monate und neunundzwanzig Tage Untersuchungshaft werden ihm angerechnet. Ein Transport mit politischen Gefangenen bringt ihn ins KZ Fullen, neben den bekannten Konzentrationslagern Börgermoor, Esterwegen und Papenburg eines der kleineren Moorlager für politische Straftäter. »Produktiver Strafvollzug« ist das Prinzip dieser Moorlager; unter Verzicht auf technische Hilfsmittel müssen die Häftlinge das Moor kultivieren, in Sträflingskluft und Holzpantinen. Wenn jemand sein Soll nicht erfüllt, hat er in einem naheliegenden Sportstadion mehrere Runden zu drehen, während SA-Leute der »Standarte Emsland«, zur Tarnung in blaue Justizuniformen gesteckt, mit Holzknüppeln dazwischenschlagen: »Wir unterstanden für die Öffentlichkeit der Justiz«, erläutert Trocha, »in Wirklichkeit war das keine Justiz, sondern Lynchjustiz!« 1939 kommt er erneut auf Transport; man bringt ihn »zur Strafverschärfung« ins Zuchthaus

Vechta. Doch der Häftling erinnert sich an stundenlange Appelle im Winter, an Kälte, Hunger und Knochenarbeit und ist »auf eine Art ganz froh, im Bau zu sein«. Bis Januar 1940 sitzt er seine Reststrafe ab; dann wird er nach Duisburg entlassen.

Trocha hat Glück im Unglück: Nach vielen vergeblichen Versuchen findet er Arbeit bei einer Baggerbaufirma; der Seniorchef, »wohl ein früherer Liberaler«, ist bereit, dem entlassenen Zuchthäusler zu helfen. Zwei Jahre lang führt Trocha nun ein zurückgezogenes Leben bei gutem Auskommen; dennoch bleibt er mißtrauisch, glaubt nicht daran, daß dies nun alles gewesen sein soll. Und er behält recht. Ein halbes Jahr nach seiner Entlassung aus dem Zuchthaus Vechta wird er ein erstes Mal gemustert und als »dauernd wehrunwürdig« ausgemustert. Denn laut NS-Wehrgesetz von 1935 ist Wehrdienst »Ehrendienst am Deutschen Volke«; Zuchthäusler ohne bürgerliche Ehrenrechte bleiben so ausgeschlossen von der Erfüllung der Wehrpflicht. Dennoch dämpft Trocha die erste Freude seiner Frau; er sieht eine andere Entwicklung voraus: »Warte ab«, mahnt er vorsorglich, »wenn sie Kanonenfutter brauchen, holen sie mich doch!« Es dauert nicht lange: 1942, nach den ersten Niederlagen an der Ostfront, holt sich die Wehrmacht den dringend benötigten Nachschub aus den Reihen der politischen Straftäter; der Duisburger wird zum berüchtigten Strafbataillon 999 eingezogen, erhält seinen ersten militärischen Schliff auf dem unwirtlichen, schwäbischen Truppenübungsplatz Heuberg. Waffen vertraut man den Politischen dort vorerst nicht an; sie exerzieren mit Besenstielen, werden entsprechend unvorbereitet an die Front geschickt. Mit einem Werkstattzug kommt der gelernte Schlosser erst nach Belgien; später verschlägt es ihn nach Griechenland, an die bulgarische Grenze. Ab März 1944 beginnt der Rückzug: Nach einer langen Odyssee durch Notunterkünfte und Lazarette erlebt der schwerverwundete Trocha – »zwei Splitter im Oberarm, drei Splitter im Handgelenk, hier konnte man einen Finger reinstecken und da eine Hand« – sein persönliches Kriegsende in Österreich, in einer Genesungskompanie: »Wir haben da in der Scheune übernachtet, es war vielleicht so gegen zehn Uhr. Ich habe mich an (...) einer Viehtränke mit freiem Oberkörper gewaschen, da kamen die Panzer. Die nahmen gar keine Notiz von uns, wir hatten ja keine Waffen, weil wir aus dem Lazarett kamen. Und da schrie ich zu den anderen Kumpels, die noch in der Scheune lagen: ›Kommt raus, die Amis sind da, der Krieg ist aus!‹ Das war vielleicht eine Freude!« August Trocha sieht ein letztes Mal ein Lager von innen, diesmal ist es ein Kriegsgefangenenlager der US-Armee; doch das macht dem KZ-Häftling, Zuchthäusler und Soldat einer Strafkompanie nur noch wenig aus: »Hier lag das schwach bewachte Lager, da saßen wir auf einem Stuhl. Die Knarre des Postens lag auf der Erde; der hat Zigaretten geraucht und Zeitung gelesen. Man konnte machen, was man wollte: Man war ja bloß in Gefangenschaft!«

»Erste und zweite Garnitur«

August Trocha und Willi Komorowski haben in diesen Jahren vieles gemeinsam: Beide finden schon früh den Weg in den Widerstand, beide arbeiten für die I.T.F., beide werden 1937 verhaftet und wegen »Vorbereitung zum Hochverrat« zu Zuchthausstrafen verurteilt. Und – nicht ungewöhnlich für eine Kaderorganisation – mehrfach kreuzen sich ihre Wege bei illegalen Treffen; zuletzt sehen sie sich vor den Schranken des Volksgerichtshofes in Düsseldorf: Komorowski als Angeklagter, der bereits verurteilte Trocha als Zeuge. Und hier enden die Gemeinsamkeiten: Der Duisburger, nach eigener Aussage Vertreter »der zweiten Garnitur im Widerstand« ist nur ein Fall für das Oberlandesgericht Hamm. Der Kölner dagegen, als Bezirksleiter im engeren Kreis der I.T.F. tätig und einige Male auch Berichterstatter bei I.T.F.-Chef Edo Fimmen und EdED-Organisationsleiter Hans Jahn, zählt ohne Zweifel zur »ersten Garnitur«; sein Fall ist folgerichtig ein Fall für den Volksgerichtshof. Entsprechend hoch fällt das Strafmaß aus: Willi Komorowski wird den Rest des »Dritten Reiches« hinter Zuchthausmauern verbringen.

1933, im Mai, wird der Kölner Reichsbahnschlosser »zur Erhaltung des Berufsbeamtentums strafversetzt«; über den Autobahnhof Köln–Bonn 1 verschlägt es ihn in eine Motorenwerkstätte in Opladen. Hier wirbt ihn sein früherer Lehrgeselle Hans Pester für die Jahn-Organisation, macht ihn zum Bezirksleiter des Bezirks »Südliche Ruhr«. In der Folgezeit stricken Pester und Komorowski am immer dichter werdenden Organisationsnetz; sie fahren mit dem Fahrrad unter anderem nach Schwerte, Arnsberg, Essen, Wuppertal und Neuss, werben dort frühere Kollegen für die Errichtung lokaler Stützpunkte. Komorowski trifft in dieser Zeit einige Male mit der I.T.F.-Spitze in Amsterdam und Venlo zusammen, um über die Stimmung in den Betrieben und die Fortschritte im Organisationsaufbau zu berichten; er erhält von Hans Jahn genaue Direktiven: »Wir sollten keine anderen Götter neben uns haben«, zitiert der Kölner den Organisationsleiter, »vor allem keine Parteien: SPD und KPD waren zu sehr durchlöchert, von Spitzeln durchsetzt; die gingen hoch wie die Fliegen.« Ein anderer Bündnispartner dagegen flößt Komorowski Hochachtung ein: der ISK, der »Internationale Sozialistische Kampfbund«, der sich schon vor der Machtergreifung von der SPD abgespalten und für eine Kooperation mit den Kommunisten plädiert hatte. Die ISK-Leute, die Willi Komorowski nur unter ihren Decknamen »Der Mutmacher« oder »Schwarzer Willy« kennenlernt, haben bereits jahrelanges konspiratives Training hinter sich, während sich die Eisenbahner anfangs »nicht sehr gelehrig zeigten im illegalen Kampf«. Doch im Laufe der Zeit lernen sie dazu: Finanzmittel der I.T.F. werden banknotenweise in Zigarren gewickelt und so über die deutsche Grenze geschmuggelt; Flugblätter aus

Holland gelangen in doppelten Böden von Güterwaggons zur Verteilerstelle Neuss. Und Willi Komorowski schreibt seine Lageberichte für die Zentrale in Amsterdam längst mit unsichtbarer Tinte.

Doch trotz aller Vorsichtsmaßnahmen reißt immer wieder ein Glied in der Kurierkette; für den Kölner Bezirksleiter wird ein Kollege zum Verhängnis, der holländisches Material mit dem Wagen über die Grenze bringt und sich von den Zöllnern beim Devisenschmuggel erwischen läßt. Eine genauere Durchsuchung fördert einen Packen Flugblätter zutage; die Adresse des Empfängers Willi Komorowski liegt obenauf. Das Beweisstück reicht der Gestapo, um zuzugreifen.

Am 15. Februar 1937 wartet der Kölner in seiner Dienstwohnung in Köln-Nippes auf Max Pester und den Krefelder Bezirksleiter Paul Emmen; in einem Hinterzimmer hält sich bereits der Neusser Bezirksleiter Hans Funger auf. Als es an der Tür klopft, schaltet Komorowski schnell: Er geht der Gestapo entgegen, hofft, daß Funger auf diese Weise unentdeckt bleibt. Doch bei der folgenden Hausdurchsuchung wird auch der Krefelder verhaftet; zudem fällt der Gestapo Eisenbahnmaterial, ein Betriebsrätegesetz und ähnlich Verfängliches in die Hände. Illegale Schriften, in einer Nische oberhalb der Tür gestapelt, bleiben unentdeckt.

Doch auf dieses Beweismaterial ist die Gestapo längst nicht mehr angewiesen. Als am 1. Dezember 1937 die Anklage vor dem Düsseldorfer Volksgerichtshof verlesen wird, muß Willi Komorowski erkennen, daß er schon längere Zeit überwacht worden sein mußte: Treffen im In- und Ausland werden erwähnt, Gesprächsinhalte wiedergegeben, Anwerbungen aufgezählt, sogar Spesen und Fahrtkostenerstattungen sind im Detail bekannt. Nach dreitägiger Verhandlung werden die Urteile über acht führende Funktionäre des deutschen Eisenbahnerwiderstandes gesprochen; Willi Komorowski erhält zehn Jahre Zuchthaus, die bürgerlichen Ehrenrechte werden ihm für den gleichen Zeitraum aberkannt. Er wird ins Zuchthaus Siegburg überführt; dort erreicht ihn die fristlose Entlassung des Reichsbahn-Ausbesserungswerkes Opladen, der Ausschluß aus der Arbeitsfront durch ein DAF-Ehrengericht und die Verfügung des Kölner Polizeipräsidenten, ihm sei der Führerschein entzogen, weil er nicht »das erforderliche Verantwortungsgefühl« besitze.

KAPITEL 8
Zuchthaus-Tagebuch

Die Photos sind gestochen scharf; en face das eine, im Profil das zweite. Sie zeigen einen ca. dreißigjährigen Mann mit bloßem Oberkörper; die Haare sind weit über die Ohren geschoren. In der linken oberen Photoecke ein Schild mit der Nummer 420. Die Bilder im doppelten Paßbildformat sind darauf angelegt, den Menschen zu entblößen, bloßzustellen, ihn gleichzeitig zu einem Vorgang zu reduzieren. Im dazugehörigen Personalbogen werden 25 Merkmale abgefragt, die, zusammengezählt, den ganzen Menschen ergeben sollen: vom Namen und »anscheinendem Alter« über die Zähne (»vollständig – lückenhaft – auffallend – groß – klein – schräggestellt – Plomben – Ersatz«) und Haltung/Gang (»stramm – mittel – schlapp – links – rechts -hinkend«) bis zu besonderen Kennzeichen (»Warzen – Muttermale – Tätowierungen – Narben – Sonstiges«). Die Lebensgeschichte des hier erfaßten Menschen interessiert nicht, oder doch nur insoweit, als sie für einen möglichen Arbeitseinsatz dienlich sein könnte; aus diesem Grund ist die Sparte »Beruf« die einzige, die Biographisches erfragt. Politische Betätigungen, Straftaten oder auch Familienstand interessieren nicht mehr; der Personalbogen, gedruckt von der »Arbeitsverwaltung Plötzensee« erfaßt den auf den Photos abgebildeten Menschen nur noch als Individuum ohne Vergangenheit. Willi Komorowski heißt das Individuum, vormals Schlosser und Gewerkschafter, verurteilt zu zehn Jahren Zuchthaus wegen »Vorbereitung zum Hochverrat«, seit Dezember 1937 Häftling im Zuchthaus Siegburg bei Bonn; reduziert zu einem Vorgang in den Zuchthausakten.

Das Zuchthaus und Zellengefängnis auf dem Siegburger

Brückberg existiert seit 1896; es wurde nach dem Vorbild des Mustergefängnisses London-Pentonville in der als besonders zweckmäßig erachteten Kreuzform angelegt, mit einem abgestumpften Ende. Im A-Flügel der insgesamt drei Trakte sitzen seit 1933 politische Gefangene ein, deren Strafmaß fünf Jahre nicht unterschreitet. Sie werden nicht nur von den einfachen Kriminellen, sondern auch untereinander isoliert; die ersten Jahre verbringen sie in der Regel in Einzelhaft, erledigen ihr mindestens zwölfstündiges Arbeitspensum auf der Zelle. Vergehen gegen die Disziplin werden mit bis zu zweiwöchigen Fesselungen oder dem Abtransport in ein Konzentrationslager geahndet. Mangelhafte Verpflegung – zeitweise wird die Wassersuppe mit ungereinigtem Viehsalz gesalzen – und verlauste Anstaltswäsche verschärfen noch den Strafvollzug; geschlafen wird auf glattgehobelten Brettverhauen. Der einzige Lichtblick für die Gefangenen sind die »Maschoresse«, wie die Strafvollzugsbeamten von den ortsansässigen, rheinischen Gefangenen mit Betonung der zweiten Silbe, genannt werden; daß hier wenig geschlagen oder gefoltert wird, anders als etwa in Gestapohaft, liegt am ordentlichen Zuchthauspersonal.

Willi Komorowski teilt das Schicksal seiner politischen Mitgefangenen; er verbringt die drei Jahre seiner Einzelhaft mit dem Aufdröseln von Mehlsackbändern zu drei bis vier Kilo Hanf pro Tag. Als er nach langer Isolation ins »Schneidersälchen« kommt, wo die Gefangenen mit elektrischen Maschinen die inzwischen dringend benötigten Militärhosen für Frontsoldaten nähen, hat er das Sprechen weitgehend verlernt; erst allmählich gelingen ihm wieder zusammenhängende, sinnvolle Sätze. Und genauso allmählich eignet er sich die besonderen Fertigkeiten an, die es dem erfahrenen Zuchthäusler ermöglichen, die bedrückenden Lebensumstände etwas zu verbessern. Besonders zugute kommt dem gelernten Schlosser dabei der mit Fortgang des Krieges eskalierende Bedarf des Reiches an Rüstungsgütern: Willi Komorowski wird als Außenarbeiter bei der Rü-

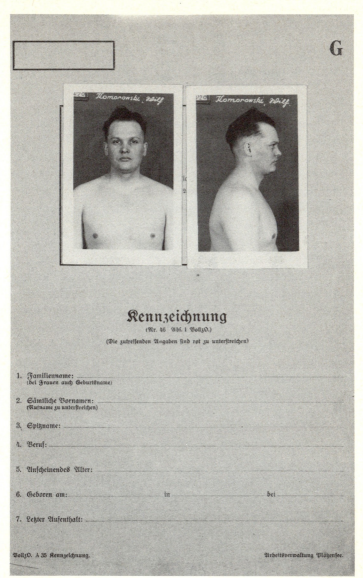

Zuchthausphotos von Willi Komorowski mit Fragebogen, 1937.

stungsfirma »Roth-Elektrik« eingesetzt, die eine eigene Werkstätte im Küchenhof des Siegburger Zuchthauses unterhält. Aus den Abfallknochen der Großküche kochen sich der Kölner und seine Kollegen einen bitter entbehrten fetthaltigen Brotaufstrich; ein Transformator dient als Energiequelle, ein Kabel als Heizdraht für die Knochenbrühe. In einer ebenfalls im Zuchthaus angesiedelten Kfz-Werkstätte, die die PKWs der Gestapo und der NSDAP überholt und unterhält, hat Komorowski die Gelegenheit, über Autoradio die neuesten Meldungen der BBC in deutscher Sprache abzuhören; selbst das Wachpersonal erkundigt sich bei den dort beschäftigten Häftlingen nach dem Fortgang der Kriegsereignisse.

Sosehr die in Siegburg Inhaftierten auch anfangs vom Geschehen außerhalb der Mauern abgeschottet sind, sosehr werden sie in den späteren Kriegsjahren in die Ereignisse mit einbezogen. Denn je länger der Krieg dauert, je mehr Feindstaaten »befriedet« werden, desto internationaler wird die Belegschaft des Zuchthauses Siegburg: Holländer, Franzosen, Belgier, Luxemburger vor allem, aber auch Polen, Russen, Italiener, Griechen, Jugoslawen, Engländer und Schweizer werden von 1940 an eingeliefert; Kriegsgefangene zumeist, aber auch Widerstandskämpfer und renitente Fremdarbeiter. Im August 1944 liefert die Zuchthausverwaltung drei Luxemburger Widerstandskämpfer an ein Hinrichtungskommando aus; die Erschießung des Marcel Charpantjen, des Jean Bück und des Camille Körner findet im Beisein zweier Verwaltungsbeamter des Zuchthauses und des Anstaltsarztes Dr. Hohn auf dem Schießstand des »Ulrather Hofes« in Siegburg statt. Die Anstaltsleitung sorgt für die »ordnungsgemäße Einsargung und Beisetzung« der hingerichteten Häftlinge. Ein anderer Luxemburger, der als gelernter Waffenmeister die Waffenkammer der Anstalt zu pflegen und zu verwalten hat, läßt sich dennoch nicht davon abhalten, zunehmend Waffenteile zu horten und damit im Laufe der Zeit ein eigenes Waffendepot anzulegen; für alle Fälle. Willi Komorowski wird in dieser Zeit mit einem Belgrader Professor zusammengelegt; der jugoslawische Intellektuelle beeindruckt den Arbeiter und Autodidakten tief. Aus der Zellengenossenschaft mit Dr. Markov entwickelt sich eine Freundschaft, die der Kölner auch nach Jahrzehnten nie zu erwähnen vergißt. Und diese Freundschaft fördert noch den Drang des Schlossers, sich, wo immer möglich, weiterzubilden: Aus der frühen Nachkriegszeit liegen zahlreiche Bescheinigungen solcher Weiterbildungsanstrengungen vor.

Die Verbindung zu seiner Ehefrau Gerda reißt in den ersten Haftjahren nie gänzlich ab. Gerda Komorowski reicht Gnadengesuche ein, die »mit Rücksicht auf seine charakter- und ehrlose Gesinnung« knapp und abschlägig beschieden werden. Mit ständigen Eingaben drückt sie immer wieder Besuchserlaubnisse durch; bei diesen kurzen Begegnungen erfährt Komorowski von der zunehmenden Verelendung seiner Familie. Solidaritätssammlungen auf seiner Opladener Dienststelle und Finanzhilfen der I.T.F. reichen nicht aus, den Lebensunterhalt der Restfamilie zu sichern; nur in Ausnahmefällen genehmigt die Zuchthausverwaltung die Auszahlung kleiner Beträge aus der »Arbeitsbelohnung« des Ehemannes: »Es ist nicht angängig, Ihnen eine laufende Unterstützung zu gewähren«, heißt es in einem Schreiben vom 15. Juli 1941, »falls Sie sich in Not befinden, müssen Sie sich vielmehr an die dafür zuständigen Stellen (Wohlfahrtsamt . . .) wenden!« Doch da die NS-Bürokraten aller Ämter nur darauf warten, der Ehefrau eines politischen Häftlings ihre Unterstützung zu verweigern und sie überdies ein wenig einzuschüchtern – »Wollen Sie dahin kommen, wo Ihr Mann bereits ist?« wird sie bei der Beantragung eines Gewerbescheines gefragt –, bleibt Gerda Komorowski nur ein kleiner Schwarzhandel mit Kaffee. Die beiden Kinder bringt sie schließlich bei einer Bauernfamilie im Schwarzwald in Strittmatt, Kreis Säckingen, unter.

Das Schlimmste: Fleckfieber!

Im Sommer und Herbst 1944 spitzen sich die Zustände im Zuchthaus Siegburg dramatisch zu. War die Durchschnittsbelegung seit 1936 schon bis dato auf das Dreifache angestiegen, so kommt es nun, nach der Invasion an der Westfront, durch die Aufnahme von 858 Gefangenen anderer, evakuierter Haftanstalten und von 1 060 Insassen zerbombter Arbeitslager zu einer katastrophalen Überfüllung des Zuchthauses. Der daraus folgende Zusammenbruch der sanitären Versorgung zieht eine Epidemie nach sich, die anfangs irrtümlich zur »Grippewelle« erklärt wird; doch als die Zahl der Erkrankten auf 600 von 2 600 Gefangenen, die Zahl der Todesfälle auf über 100 ansteigt, zieht der Anstaltsleiter einen Experten der Bonner Universität hinzu, der Fleckfieber diagnostiziert; ein für westeuropäische Breiten höchst ungewöhnliches Krankheitsbild. Zur Jahreswende 1944/45 sterben die Erkrankten, Häftlinge und Wachleute »wie die Fliegen an der Wand«, erinnert sich Willi Komorowski, »auf nackter Erde ohne ärztliche Betreuung; einer der schlimmsten Krankheiten, die ich je gesehen habe – die Leute haben ständig hohes Fieber und sterben vor Durst«. Da sich der Anstaltsarzt krankgemeldet hatte und es an Medikamenten und medizinischer Ausstattung mangelt, sterben auf dem Höhepunkt der Seuche im Februar 1945 24 Menschen täglich. Der Anstaltsleiter, Oberregierungsrat Heider, verfügt deshalb unter anderem, daß »die Anstalt für alle Zu- und Abgänge gesperrt bleibt«, und die Gefangenen nach einer gründlichen Entlausung in einer »vollkommen reinen Wäsche in reinen Betten untergebracht werden«. Doch nachdem im März Artilleriefeuer des Endkampfes am Rhein auch das Zuchthaus belegt und von der Wasser- und Stromversorgung abschneidet, sind solche Maßnahmen gegen den Flecktyphus illusorisch. Der Anstaltsleiter ignoriert unter diesen Umständen ein Verbot der Gestapo und beauftragt einen politischen Häftling, den Mediziner Dr. Ahles, mit der Betreuung der Erkrankten. Dr. Ahles, von dem Willi Komorowski nur mit Hochachtung spricht – er befindet sich in Verbindung mit dem 20. Juli in Haft –, schildert die Ausgangslage im März 1945 in einem späteren Bericht für die amerikanischen Besatzer: »Die Zustände (...) waren erschreckend und katastrophal. Als ich am 8. 3. 45 (...) die Anstalt 1 übernahm, lagen in der Leichenhalle über dreißig an Fleckfieber verstorbene alliierte und deutsche Gefangene, von denen bis heute zwei noch nicht namentlich festgestellt werden konnten. So waren die Anstaltsbücher geführt, so war das Chaos. Fünf Tage lang hatte kein Arzt das Lazarett und die Zellen der Anstalt 1 betreten, und die Sterbenden wurden nur von einem Sanitätswachtmeister betreut. Die Beamten der Anstalt waren zum kleineren Teil erkrankt, die meisten waren aber aus Angst vor Ansteckung einfach aus dem Dienst weggeblieben und kamen erst nach Beendigung der Epidemie zum Dienst.« Als Gefangener unter Aufsicht eines Sanitätsbeamten muß der Mediziner jede Maßnahme mit seinen Wächtern absprechen; das erschwert noch seine Aufgabe. Dennoch gelingt es ihm, vor allem durch Anwendung von kreislaufstabilisierenden Mitteln, die Sterberate von täglich über 20 auf drei bis vier Typhustote zu senken. Im April, als die alliierten Streitkräfte anrücken, ist die größte Gefahr gebannt; es kommt nur noch zu einzelnen Neuerkrankungen und Todesfällen von Rekonvaleszenten. Die Seuchenstatistik vom 1. Januar bis 26. Juni 1945 weist 2 618 Gefangene aus, von denen 1 255 an Fleckfieber erkranken und 303 der Epidemie zum Opfer fallen.

In der ersten Aprilwoche steht die amerikanische Armee jenseits der Sieg; ihr Vorrücken nach Siegburg verzögert sich um einige Tage. Der Ordnungsdienst des inzwischen gebildeten Internationalen Häftlings-Komitees greift zur Selbsthilfe; die »Kampfgruppe Markov« bewaffnet sich aus dem vorsorglich angelegten Waffendepot und setzt die Anstaltsbeamten ohne Blutvergießen in einigen Zellen fest; Willi Komorowski ist an dieser Aktion beteiligt. Als dann am 12. April die US-Truppen einrücken und die Verwaltung des Zuchthauses übernehmen, betrauen sie den Kölner mit der Reorganisation der desolaten Anstalt; am 1. Juni 1945 dann ernennt ihn die Militärkommandatur zum Anstaltsleiter.

Die Aufgabe ist kaum zu bewältigen: Die Fleckfieberepidemie fordert ihre letzten Toten, die Ernährungslage ist mangelhaft, die Ausstattung der Gefangenen mit Kleidung nicht besser. Komorowski requiriert mit Unterstützung der Militärverwaltung Lebensmittel und Kleidung. Zudem kommt es im Gefangenenkomitee, das nun mit der Rückführung der ausländischen Häftlinge betraut ist, zu heftigen, politischen Konflikten; vor allem die Maßnahme der Amerikaner, das Tragen von Sowjetsternen zu verbieten und gegen »kommunistische Zellenbildung« mit erneuter Inhaftierung anzugehen, schürt die Unzufriedenheit. Der US-Major Scarborough entschärft die gespannte Lage mit einer kleinen Ansprache an das Komitee: »Meine Freunde! Jawohl, ihr seid meine Freunde und keine Gefangenen mehr. Ihr seid Angehörige der Staaten, die mit uns verbündet sind, und darum seid ihr auch unsere Verbündeten. (...) Wenn die Gefangenen mit meinen Maßnahmen nicht einverstanden sind, werden sie vielleicht dagegen revoltieren oder gar nach meinem Leben trachten. Ich habe hier eine geladene Pistole, aber ich werde keinen Gebrauch davon machen. Wenn ihr mich tötet, kommt ein anderer an meine Stelle, und der ist bestimmt strenger als ich.« – »Diese merkwürdige Äußerung rief bei allen Anwesenden Heiterkeit hervor«, vermerkt das Sitzungsprotokoll des Lagerkomitees. In der Folgezeit wird es immer wieder zu Spannungen zwischen den US-Besatzern und verbliebenen deutschen, vorwiegend kommunistischen Ex-Häftlingen kommen, die noch eine gewisse Rekonvaleszenzzeit im Zuchthaus verbringen; doch durch die Vermittlung des neuen Anstaltsleiters können sie zunehmend beigelegt werden. Vor allem eine gewerkschaftliche Initiative von Willi Komorowski trägt zur Entspan-

Willi Komorowski 1945 (oben stehend, 7. v. rechts) und 1985 (unten).

nung der Lage bei. Denn am 11. August 1945 wird im Zuchthaus Siegburg ein denkwürdiges Dokument verfaßt.

»Protokoll über die Eröffnungsversammlung der Einheitsgewerkschaft des Zuchthauses Siegburg: Der Sprecher, Betriebsleiter Komorowski, begrüßt zu Beginn der Versammlung alle Erschienenen. In seinen grundsätzlichen Ausführungen unterstrich er den Gedanken des gewerkschaftlichen Zusammenschlusses eines jeden Betriebes zu einer Betriebsgemeinschaft. In seinen Erklärungen wies er auf die Fehler von 1933 bis 1945 hin, die unter keinen Umständen wieder begangen werden dürfen. (...) Betriebsleiter Komorowski wies ferner darauf hin, daß der Eintritt in die Gewerkschaft aus freien Stücken erfolgt und alle zugelassenen Parteien umfassen soll. Ob SPD oder KPD, ob Zentrum oder Demokrat, alle Richtungen sollen in der Einheitsgewerkschaft zusammengeschlossen werden. (...) Sämtliche Vorschläge wurden von der Versammlung einstimmig gebilligt. Als Mindestbeitrag wurden 3,– RMk und als Aufnahmegebühr 2,– RMk festgesetzt.«

Willi Komorowski teilt diese Gewerkschaftsgründung kurz darauf dem führenden Mann der Gewerkschaftsbewegung nach dem Kriege, Hans Böckler, mit, erklärt ihm, daß das Bedürfnis nach einer solchen Einheitsgewerkschaft und die Abkehr von Richtungsgewerkschaften »aus dem Zuchthaus und dem KZ entsprungen« sei. Böckler weist ihn auf die alliierte Gesetzgebung hin, die vorerst Gewerkschaftsgründungen untersagten. Doch Komorowski insistiert: »Wir sind aus dem Zuchthaus entlassen und wünschen einen Zusammenschluß. Wir sind Gewerkschafter und werden diese Gewerkschaft gründen!« Worauf Böckler erwidert: »Freunde, was ihr macht, ist eure Sache; ich weiß davon nichts. Und ich wünsche euch viel Glück!«

Als der Kölner am 15. Januar 1946 seine Stellung als Anstaltsleiter aufgibt und das Zuchthaus Siegburg verläßt, kann er dies im Bewußtsein tun, die wohl erste Einheitsgewerkschaft auf deutschem Nachkriegsboden gegründet zu haben. Auch wenn sie erst sehr viel später legalisiert und in die Gewerkschaft Öffentliche Dienste, Transport und Verkehr (ÖTV) überführt werden wird.

KAPITEL 9

Aufbau: Über alles?

Der schwedische Journalist Stig Dagermann bereist im Herbst 1946 das besetzte, zerbombte Deutschland. In Hamburg, dem »Angsttraum einer deutschen Stadt«, wirft er einen Blick aus dem Zugabteil: »Man fährt eine Viertelstunde mit der Bahn und hat ununterbrochen Aussicht auf etwas, das aussieht, wie eine riesige Müllkippe für kaputte Hausgiebel, freistehende Hauswände mit leeren Fensterhöhlen (. . .); rostige Träger ragen aus den Trümmerhaufen (. . .). Meterschmale Pfeiler (. . .) erheben sich aus weißen Bergen zerbrochener Badewannen oder grauen Bergen aus Stein, zermahlenen Ziegeln und verschmorten Heizkörpern.« Der Journalist lernt auch noch andere Städte kennen auf seiner Tour quer durch Trümmerdeutschland, doch anders als sein deutscher Kollege Heinrich Böll, der »eine Art Wettstreit der deutschen Städte (. . .), welche am meisten zerstört sei« beklagt, will Dagermann keine Unterschiede machen: »Abgesehen davon ist es überall am schlimmsten«, stellt er angesichts des verschonten Heidelberger Stadtkerns fest.

Dagermann ist ein unabhängiger Beobachter ohne Bindung zum Zerstörten wie zum Erhaltenen. Um so treffender sein Bild eines Landes, dem der ärgste Hungerwinter noch bevorsteht. »Überall ist es am schlimmsten«: Im zerbombten Hamburg, das Hermann Griebe auf seinem Marsch aus der Kriegsgefangenschaft über die Elbbrücken besichtigen kann. In der Kölner Trümmerlandschaft, die Willi Komorowski nach neun Jahren Zuchthaus wiedersieht. In den zerstörten Bahnhöfen von Stuttgart und Nürnberg, wo Fritz Dreher und Gretel Rabic als Betriebsräte versuchen, das Allernötigste zu tun. Im zerbombten Mainz des Paul Distelhut und der Margarethe Schneider, wo wieder einmal die Franzosen die »Regie« übernehmen. Und in den Ruinen von Duisburg, die August Trocha nach KZ, Zuchthaus und Strafbataillon willkommen heißen: »Ich war nach dem Krieg so zerschmettert«, sagt er heute, »daß ich keine Lust hatte, noch irgend etwas zu machen. Die Kollegen haben mir keine Ruhe gelassen, aber ich habe sie warten lassen.«

Eine Haltung, die viele Beobachter nicht verstehen können oder wollen. Als in der ersten Februarwoche eine I.T.F.-Delegation Deutschland besichtigt, dabei Hamburg, Bremen und Bielefeld besucht, formulieren die Teilnehmer dieser Reise harte Vorwürfe an die Adresse der Deutschen: »Die Zerstörung materieller und moralischer Werte durch den Krieg, und die Schwierigkeiten, die infolgedessen überwunden werden müssen, haben auf die Abordnung einen tiefen Eindruck gemacht. Sie war aber der Meinung, daß das deutsche Volk mehr hätte dazu tun können, um durch harte Arbeit selbst einen Weg aus den gegenwärtigen Schwierigkeiten zu finden. Die Deutschen können von einem verhängnisvollen Kreislauf nicht loskommen, in dem der Mangel an allen Bedarfsartikeln ihren Lebenswillen und die Energie lähmt, sich selbst mit aller Kraft in den Dienst des Neuaufbaus zu stellen; dieser Zustand wird durch eine Neigung zum Selbstbedauern noch verschärft.«

»Gegenwärtige Schwierigkeiten«: Das ist etwa die Kältewelle des Winters 1946/47, die die deutsche Bevölkerung ohne genügendes Heizmaterial und mit Nahrungsmitteln unter 1300 Kalorien täglich überstehen muß. Das sind die eher nachlässigen Demontagen von Fabrikanlagen, die dann auf Abraumhalden verrosten. Das sind zerbombte Kellerwohnungen, fehlendes Fensterglas, unzureichende Kleidung. Und das ist ein blühender Schwarzmarkt, auf dem die Besitzenden gegen Zigarettenwährung dringend benötigte Lebensmittel in kargen Rationen weitergeben. »Wer ganz ehrlich mit seiner Lebensmittelkarte gelebt hat, der wäre heute nicht mehr da«, stellt Paul Distelhut fest, »jeder mußte es versuchen, und wenn er sein letztes Bettuch unterm Hintern weg hergegeben hätte!« Gretel Rabic ist in Nürnberg eine von denen, die gezwungen sind, fast nur mit ihren Lebensmittelkarten auszukommen: »Wir waren ganz verzweifelt und waren fast am Verhungern. Wenn die Währungsreform nicht gekommen wäre, wären wir verhungert!« Der Zustrom von Flüchtlingen verschärft noch die Notlage im besetzten Deutschland; das wenige muß an noch mehr Menschen verteilt werden. Und wie immer gibt es unter Gleichen Gleichere. Paul Distelhut erinnert sich an einen Rottenmeister im Bahnhof Gonzenheim: »Der hat sich in den Fahrdienstleiterraum gehockt und hat sein Paket aufgepackt und ein halbes Stück Blutmagen gegessen, und wir haben dabeigehockt und hatten kein Stück Brot. So waren die Verhältnisse auch!«

Kaum jemand, der sich nicht an solche Mitmenschen erinnert: An den sprichwörtlichen Bauern, der Flüchtlinge um ein Glas Pflaumenmus betteln läßt und dabei auf einem dikken Stapel Teppichen sitzt. An den ausgebufften Schwarzmarkthändler, der sich von hungernden Nachbarn Sachwerte in sechsstelliger Höhe einhandelt. Es ist eine anarchische Zeit; die Alliierten erlassen die notwendigsten Verordnungen; ansonsten sind die Deutschen sich und ihrer Phantasie weitgehend überlassen.

Was für Deutschland im allgemeinen gilt, gilt für die Bahn noch im besonderen: Sie ist in weiten Teilen des Landes so zerstört, daß die verkehrsabhängige Wirtschaft lahmgelegt und die Versorgung der Bevölkerung mit dem Notwendigsten gefährdet ist. In der von Amerikanern, Briten und Franzosen besetzten Trizone betragen allein die Kriegsschäden an den baulichen Anlagen der Reichsbahn eineinhalb Milliarden Reichsmark; ganz oder teilweise vernichtet sind rund 4 300 Gleiskilometer, 16 900 Weichen, 2 300 Stellwerke, 3 150 Eisenbahnbrücken. Zahlreiche Bahnhöfe, Ausbesserungswerke, Betriebswerke und Betriebseinrichtungen sind zerbombt, ein erheblicher Teil des »rollenden Materials« ist nicht mehr einsatzfähig.

Und dennoch fahren die Züge, befördern 1946 eine knappe Milliarde Menschen, 1947 schon 1,3 Milliarden. Am Hauptbahnhof Köln etwa öffnen am 23. Mai 1945 die ersten Fahrkartenschalter; in den folgenden Wochen kommen täglich 12 500 Menschen in chronisch überfüllten Zügen an, sitzen auf Trittbrettern oder Puffern. Mehr als sonst ist die stark lädierte Bahn Lebensader des Landes: Sie befördert Flüchtlinge und Heimkehrer, Kriegsgefangene und Ausgebombte, Hamsterer, Kinder auf der Suche nach ihren Eltern, Eltern auf der Suche nach ihren Kindern. Der Personalstand wächst mit dem Bedarf: von 372 505 Beschäftigten im September 1945 auf 514 139 Eisenbahner im Juli 1948.

Das Reichsbahnpersonal wächst schon deshalb kontinuierlich an, weil die Arbeitsleistung des einzelnen unter Nahrungsmangel, fehlender Arbeitskleidung, ungenügenden Unterkünften und grassierenden Mangelerkrankungen leidet; der »Reichsbahn Sick-Fund« der Bizone macht das überdeutlich klar: Der Krankenstand bei der Reichsbahn von 2,8 Prozent im Jahr 1933 steigt im schlimmsten Kriegsjahr 1944 auf 5,8 Prozent an, wird dennoch im Jahr 1946 mit 6,8 Prozent und im Jahr 1947 gar mit 7,2 Prozent weit übertroffen. Die gleiche Statistik schlüsselt die Art der Erkrankungen zum Stichtag 6. März 1948 auf: An erster Stelle der Krankheitsarten stehen Erkältungen mit 26 Prozent, gefolgt von Arbeitsunfällen (13 Prozent), Magen und Darm (11 Prozent), Haut (neun Prozent), Nerven und Hungerödemen (je 5–6 Prozent) und zwei Prozent Tuberkulose, die in Deutschland schon ausgerottet schien. Als Krankheitsursachen werden verantwortlich gemacht: »Mangelnde Ernährung« für Hungerödeme, Tuberkulose, Nervenerkrankungen, Magen-Darm-Krankheiten und Arbeitsunfälle; »Mangel an Schutzkleidung, Kleidung und Schuhen« für Erkältungen, Hauterkrankungen und Tuberkulose; »Mangel an Waschmitteln« ebenfalls für Hauterkrankungen und Tuberkulose.

Nur das Allernötigste!

Das sind die Bedingungen bei der Bahn, das sind die Probleme, mit denen sich die bereits 1945 spontan gebildeten Betriebsräte befassen müssen. Sie arbeiten fast ein Jahr lang im rechtsfreien Raum, bevor das Alliierte Kontrollratsgesetz Nr. 22 ihnen einen gesetzlichen Rahmen schafft. Es räumt den geheim für ein Jahr zu wählenden Betriebsräten das Recht »zur Wahrnehmung der beruflichen, wirtschaftlichen und sozialen Interessen der Arbeiter und Angestellten« ein; Ex-Funktionäre der Arbeitsfront und frühere Mitglieder der NSDAP sind vom passiven Wahlrecht ausgeschlossen.

Das Gesetz definiert klassische Betriebsratsaufgaben wie Arbeitsschutzmaßnahmen, Aufbau von Sozialeinrichtungen und Entgegennahme von Beschwerden; daneben sollen die Betriebsräte auch an der dringend benötigten Produktivitätssteigerung mitwirken und den Behörden bei der Entnazifizierung zuarbeiten. Doch da die Bildung von Gewerkschaften in vielen Teilen des Landes noch nicht zugelassen ist, übernehmen sie auch die klassische Gewerkschaftsaufgabe der Tarifverhandlungen. Die Behörden der Militärregierung können die Betriebsräte auflösen, wenn deren Tätigkeit »den Zielen der Besatzungsmächte entgegengerichtet ist«. Der wichtigste Satz dieses im übrigen sehr vage formulierten Gesetzes versteckt sich im Artikel V, Satz 2: »Die Betriebsräte bestimmen im Rahmen dieses Gesetzes selbst ihre Aufgaben und die dabei zu befolgenden Verfahren.«

Das tun sie in der Tat. Fritz Dreher, der gleich nach Kriegsende zum Betriebsrat der Güterabfertigung beim Stuttgarter Hauptbahnhof gewählt wird, versucht die ärgsten Nöte zu lindern. Er muß sich vor allem um den wachsenden Zustrom von Flüchtlingen kümmern, ihnen Unterkünfte, Nahrung und Kleidung verschaffen: »Was man da alles gemacht hat: Schwarzschlachterei, Schiebung, Ochsen klauen!«

In den ersten Jahren, in denen Sachwerte zählen, geht es ihm nicht um Lohntarife oder Arbeitszeitverhandlungen, sondern um das Errichten einer funktionierenden Kantine, die Beschaffung und Verarbeitung von Kleiderstoffen. Vor allem aber darum, »die vielen Mägen zu füllen«. »Von Gewerkschaften«, sagt er im Rückblick und meint damit jede Form der Arbeitnehmervertretung, »war überhaupt keine Rede, sondern wir haben erst einmal dafür gesorgt, daß die Menschen etwas zum Leben hatten.«

Diese Beschaffungsmentalität wird zum Überlebensprinzip; legal oder illegal spielt in den Jahren vor 1948 kaum eine Rolle. Gretel Schneider, die frühere gute Seele im EdED-Büro Mainz, im Krieg ausgebombt, macht die gleichen Erfahrungen: Ihr Ehemann nutzt seine Stellung bei der Bahn zu Hamsterfahrten, versorgt sich und andere mit Lebensmitteln und Spirituosen. Gretel Schneider selbst, die zu dieser Zeit noch für eine Chemiefirma arbeitet, erlebt dort die wundersame Verwandlung von Maggi-Pulver in Kernseife. Zu »Schroddele«, erinnert sie sich, »hatten wir immer!«, was für Nicht-Mainzer soviel heißt wie: »Es gab immer was zu tun.« Für sich selbst und für andere, wie es Paul Distelhut beschreibt: »Der eine hat ein paar Stullen Brot mitgebracht und sie irgendwohin gelegt, der andere hat Unterhosen mitgebracht: Da habe ich die Einstellung meiner Kollegen kennengelernt.«

Hermann Griebe, der kleine Hamburger mit der mächtigen Stimme, wird, kaum aus der Kriegsgefangenschaft heimgekehrt, zum Betriebsrat des Bahnhofes Meckelfeld gewählt. Er weiß als Praktiker die Möglichkeiten zur Eigeninitiative, die ihm das Alliierte Kontrollratsgesetz bietet, ganz besonders zu schätzen: »Zweiundzwanzig Paragraphen waren da gerade man drin, und es war so dünn«, zeigt er mit Daumen und Zeigefinger. »Und dann kriegten wir später ein Betriebsratsgesetz, ein Personalvertretungsgesetz und es wurden immer mehr Paragraphen, immer mehr! Genauso auch unser Lohntarif: Der war auch so dünn und nachher so dick

Gretel Rabic auf dem Rednerpult 1955.

Erste Bundesfrauenkonferenz, Nürnberg 1954.

wie eine Bibel!« – »Die Deutschen lieben das ja«, weiß der Hamburger aus Erfahrung, »dann liest du dreißig Paragraphen, dann gibt es so und so viele Ausführungsbestimmungen und die Kommentare, und jeder macht sich seinen Kommentar selber.« Angesichts dieser Weiterentwicklung denkt Hermann Griebe etwas wehmütig an die Zeiten des Alliierten Kontrollratsgesetzes Nr. 22 zurück: »Es war nicht so präzise ausgedrückt, wie der Deutsche das eben haben muß; das Handeln war wesentlich einfacher. Wir haben gesagt: ›So, das lesen wir, so wollen wir das haben und so wird marschiert!‹« In dieser Zeit lernt Elvira Griebe ihren Ehemann besonders schätzen: »Wenn er etwas macht, macht er es zweihundertprozentig und steht auch dahinter. Das hat mir so imponiert!« Doch der Macher hat auch allzu männliche Seiten; als er später zum Ortsvorsitzenden der Eisenbahnergewerkschaft gewählt wird, erfährt seine Frau das als letzte, aus der Zeitung. Seither ist sie »mehr oder weniger immer dazwischengewesen, wenn auch im Hintergrund. Im Hintergrund habe ich alles mit getragen.«

Gretel Rabic, die Nürnberger Eisenbahnerin in der Hollerith-Datenverarbeitung, geht einen anderen Weg als Elvira Griebe. Ihr Schlüsselerlebnis am Hauptbahnhof ist die Selbstverständlichkeit, mit der Frauen, je nach Bedarf, auf dem Arbeitsmarkt Bahn verschoben werden. Denn in der frühen Nachkriegszeit sind weit mehr als hunderttausend Frauen bei der Bahn beschäftigt, und dies in traditionellen Männerdomänen: als Rangierer und Bremser im Güterzug; zudem als Schaffner und Aufsichtsbeamte: »Die ganze Männerarbeit ist von den Frauen gemacht worden«, empört sich die Nürnbergerin, »und als der erste Schwung Männer aus der Gefangenschaft zurückkam, sind die meisten kurzerhand entlassen worden! Mit Arbeitsschutzbedingungen haben die Herren dann argumentiert; die waren ja immer schon da, um etwas zu behindern. Dieses Schutzbedürfnis für Frauen bringen die Männer nur vor, wenn es ihnen paßt!«

Die nunmehr siebenundzwanzigjährige »angestelltenversicherungspflichtige Reichsbahngehilfin« kandidiert im Januar 1947 für den Betriebsrat und wird gewählt. Wie Hermann Griebe denkt sie mit Wehmut an das Kontrollratsgesetz Nr. 22 zurück: »Das hat uns viel Macht gegeben, viel Freiheit und allerhand Möglichkeiten. Damals mußte man ja sehr viel Freiheit haben; man hatte ja nichts, alles war kaputt. Jede Kleinigkeit mußte man besorgen, und wenn es nur die Tischdecke für den Betriebsrat war.« Eigeninitiative und die Fähigkeit zum Organisieren in des Wortes doppelter Bedeutung sind die Beine, auf denen die Betriebsratsarbeit, diese erste Form der Arbeitnehmervertretung nach dem Zweiten Weltkrieg, steht. Sie steht so lange sicher auf diesen Beinen, bis Währungsreform, Tarifverträge neu konstituierter Tarifpartner und Mitbestimmungsgesetze eines neu konstituierten Staates die provisorischen Verhältnisse der frühen Nachkriegszeit von Grund auf verändern.

Spreu und Weizen

Doch vor dieser Veränderung steht der Versuch der westlichen Aliierten, besonders der Amerikaner und Engländer, das deutsche Volk in nationalsozialistische Spreu und demokratiefähigen Weizen zu trennen. Die Entnazifizierungswelle rollt an. Politische und gewerkschaftliche Funktionäre, die ihrer Überzeugung auch im »Dritten Reich« treugeblieben waren, werden bevorzugt in die Entnazifizierungsausschüsse berufen. Das hat zum einen politische Gründe, zum zweiten pragmatische – Verfolgte können ihre Verfolger am besten ausmachen –, zum dritten aber auch ökonomische Gründe. Das meint zumindest Paul Distelhut: »1945 hatten wir eine Vielzahl von hauptamtlichen Gewerkschaftsfunktionären, deren Tätigkeit auch ihr Einkommen war. Das war ja 1933 mit der Besetzung der Gewerkschaftsbüros aus. Als der Zusammenbruch kam, standen die Leute immer noch vor dem Nichts. Da hat man auf diese Funktionäre zurückgegriffen, für den Wiedergutmachungsausschuß, den Entnazifizierungsausschuß oder als Bürgermeister in der Gemeinde. Viele sind danach nicht mehr zur Gewerkschaft zurückgekehrt; verständlich, weil sie sich anderswo ihr bißchen Altersversorgung verdient haben.«

Willi Komorowski teilt diese Einschätzung seines Mainzer Kollegen. Er, geradezu prädestiniert für Entnazifizierungsaufgaben, lernt im Siegkreis einen solchen Ausschuß als Vorsitzender kennen: »Bei Hans Böckler habe ich die Entnazifizierungsstelle angenommen, und eine Zeitlang ist das auch gutgegangen. Aber dann hat es Ärger gegeben: Viele Kollegen dachten dann, der Entnazifizierungsausschuß wäre dazu da, die alten Funktionäre, die alten Parteigenossen in Amt und Würden zu setzen; der eine wollte eine Kegelbahn, der andere eine Gastwirtschaft und die sollten wir dann den anderen abnehmen! (...) Das war nicht der Sinn der Sache! (...) Daraufhin bin ich dann ausgeschieden.«

Das Instrument der Entnazifizierung greift auch aus anderen Gründen nicht so, wie sich die Alliierten das gedacht haben. Hermann Griebe, der aufgefordert wird, ehemalige Nationalsozialisten auf seiner Dienststelle auszumachen und diesbezüglich Bericht zu erstatten, gerät in schlimme Gewissensnöte. Denn die kleine, gerade 45 Mann starke Belegschaft des Bahnhofs Meckelfeld ist eine lokale Solidargemeinschaft, in der jeder jeden von Jugend an kennt: Man hat gemeinsam Handball gespielt, kennt die familiären Verhältnisse der Kollegen, hat vielleicht sogar familiäre Bande geknüpft. Zwei Tage lang quält sich Griebe mit seinem Konflikt herum, dann siegt die Kollegialität, wie er sie versteht: »Ich habe in meinem Bericht das ganze Politische rausgelassen«, gibt er zu, »habe als Mensch gehandelt, wie sich das gehört. Habe gedacht, du kannst doch einen Menschen nicht kaputtmachen!« Als Griebes Dienstvorsteher diesen Bericht auf den Tisch bekommt, kommentiert er ihn kopfschüttelnd, er hätte von ihm »auch nichts anderes erwartet«. Und ein Kollege bedankt sich später, stellt nüchtern fest: »Wenn du das nicht getan hättest, wären wir alle unsere Posten losgeworden.« Im gesamten Betriebswerk Harburg wird letztlich ein einziger Eisenbahner entlassen, und der auch nur deshalb, weil er als alter Kämpfer bekannt ist wie ein bunter Hund. Doch im anschließenden Entnazifizierungsverfahren verhelfen auch ihm einige Entlastungszeugen wieder zu seiner Arbeitsstelle.

Betriebsräte und Entnazifizierungsausschüsse, dazu Wiedergutmachungsausschüsse: Das sind die Gremien, die sich mit drängenden Gegenwartsaufgaben der frühen Nachkriegszeit zu befassen haben; Gremien, in denen Gewerkschafter der Weimarer Zeit nach langer, erzwungener Abstinenz erstmals wieder ein ihnen gemäßes Betätigungsfeld finden. Doch neben der Alltagsarbeit im weitgehend zerstörten Deutschland sind Perspektiven gefragt, die über die Tagesprobleme hinausweisen. Diese Funktionen können allein Parteien und Gewerkschaften übernehmen.

Die ersten freien Gewerkschaften bilden sich bereits am 11. Mai 1945 in Hamburg; kurz darauf schließen sich überall im besetzten Deutschland Eisenbahngewerkschafter regional zusammen, werden 1946 von den Alliierten Kontrollratsbehörden nachträglich anerkannt. Doch der Weg zu einer zentralen Gewerkschaftsorganisation ist noch weit; zu viele Hindernisse sind in der Folgezeit zu überwinden.

Anfängliche Irritationen

Das »Naziproblem«: In den neu zu bildenden Gewerkschaften haben überzeugte Nationalsozialisten in den ersten Jahren einen schweren Stand; Gewerkschafter und Sozialdemokraten aus der Weimarer Zeit sorgen dafür, daß NS-belastete Kollegen keinerlei Funktion übernehmen können. Dennoch existiert das Nazi-Problem, weil durch zwölf Jahre Gleichschaltung und NS-Erziehung ein Generationsloch aufgerissen worden war. Im »Leitfaden«, einem der ersten

Bildungspapiere der »Gewerkschaft der Eisenbahner Deutschlands« vom März 1949 wird dieses Defizit überzeugend offengelegt: »Nun fehlt es (...) an brauchbaren Menschen. Die Erziehung der letzten Jahre erzog Untertanen, Befehlsempfänger und Landsknechte, das Denken war verboten. Die heutige Zeit aber braucht Menschen, die aufgeschlossen und zum Handeln gewillt sind, die den Mut zu eigenen Entscheidungen haben und bereit sind, zu diesen zu stehen.« In der Tat mangelt es in den Gründerzeiten der Gewerkschaft an Funktionärsnachwuchs; eine unausweichliche Folge ist die Überalterung der Führungsgremien. Wenn auch auf diese Weise wertvolle Erfahrungen aus der Weimarer Zeit, aus dem Erleben von Widerstand, Verfolgung und Emigration einfließen, so blockiert dies in der Folge doch manche notwendigen, auch oder gerade politische Prozesse.

Das »Kommunistenproblem«: Schon in den Gründungstagen der Gewerkschaften brechen alte, über die NS-Zeit vorübergehend ad acta gelegte, dennoch sorgsam konservierte politische Differenzen zwischen Sozialdemokratie und Kommunismus wieder auf. Die Zwangsverschmelzung von SPD und KPD in der sowjetisch besetzten Zone im April 1946 wie auch die Berlin-Blockade im Juni 1948 heizen diese Konflikte zusätzlich auf. Einer Handakte des vormaligen Organisationsleiters der Eisenbahngewerkschafter in der Zeit der Illegalität und späteren Ersten Vorsitzenden der Gewerkschaft der Eisenbahner Deutschlands, Hans Jahn, ist die ganze Erbitterung dieser Auseinandersetzung zu entnehmen: Kaum eine Rede, in der Jahn nicht vor »bolschewistischem Totalitarismus« warnt, die »skrupellosen Ausbeutungsmethoden in der Sowjetzone« anprangert und die Stunde beschwört, »da die Fackel der Freiheit auch im Osten aufleuchtet«. Entsprechend reserviert begegnen sich denn auch Gewerkschaftskollegen, die vor 1933 ohne Probleme miteinander gearbeitet hatten. Auf dem zweiten Gewerkschaftstag der inzwischen konstituierten Gewerkschaft der Eisenbahner Deutschlands in Gelsenkirchen (1950) etwa reist der Sachse Franz Scheffel an, 1925 bis 1933 Vorsitzender des Einheitsverbandes der Eisenbahner Deutschlands, inzwischen Chef der ostzonalen Eisenbahnergewerkschaft. Es kommt zu tumultartigen Szenen; eine Rede wird Scheffel verwehrt. Und Gretel Rabic erinnert sich an einen Kongreß in Berlin 1953: »Der Franz kam in unser Hotel, wollte zum Hans Jahn gehen und ihm die Hand geben; aber der hat sich umgedreht und ist gegangen.«

Die »Beamtenfrage«: Durch das NS-Gesetz »zur Wiederherstellung des Berufsbeamtentums« von 1933 ist der Beamtenstatus in Mißkredit geraten; vor allem die britischen und amerikanischen Besatzer wollen die Wiederbelebung eines politisch zu mißbrauchenden Beamtenstandes verhindern. Das Kontrollratsgesetz Nr. 22 etwa spricht im Zusammenhang mit der Bildung von Betriebsräten nur von »Angestellten und Arbeitern«. Diese alliierten Absichten rufen berufsständisch gesinnte Eisenbahner auf den Plan; sie gründen 1948 mit dem »Gewerkschaftsbund der Reichsbahnbeamten, -beamtinnen und Beamtenanwärter« (GDRA – später GDBA) und der »Gewerkschaft Deutscher Lokführer« (GDL) zwei Organisationen, die sich wegen der »Beamtenfrage« vom Einheitsverband distanzieren; dabei sprechen sich die Mehrheitsgewerkschafter eindeutig für die Erhaltung des Berufsbeamtentums aus. Willi Komorowski, der die Gründung des Einheitsverbandes von 1925 nicht vergessen hat, zur »Beamtenfrage«: »Wir hatten ja den Einheitsverband von Beamten und Arbeitern, und ich bin auch heute dafür, daß die Beamten unsere Brüder sind.«

Das »Berufssparten-Problem: Niemand kann es besser erklären als Paul Distelhut: »Jeder hat erkannt, daß wir keine getrennten Gewerkschaften haben wollten. Nur, wo es dann zu Auseinandersetzungen kam, war die Frage ›Wer mit wem?‹ Die Traditionsgewerkschaften hatten sich schon fast wieder organisiert; ältere Kollegen waren oft schon zwanzig Jahre im Holzarbeiterverband. Und dann kamen die Industriegewerkschaften auf: Der Holzarbeiter in einer Autofabrik etwa wurde auf einmal Metallgewerkschafter. Auf diese Weise gingen Dutzende traditionsreicher freier Gewerkschaften einfach unter. Ein Strukturproblem! Willi Komorowski, bis Oktober 1948 im Sekretärsrang bei der ÖTV beschäftigt, erlebt diese Strukturierungsprobleme am eigenen Leibe: Als er zum 1. November 1948 als Hauptamtlicher in die Dienste der »Gewerkschaft der Eisenbahner Deutschlands« eintritt, droht ihm die Arbeitsrechtsabteilung der ÖTV mit arbeitsrechtlichen und zivilrechtlichen Maßnahmen. Originalton: »Unsere Gewerkschaft ist nicht gewillt, unter Verzichtleistung ihrer Rechte einem solchen Vorgehen zuzustimmen und behält sich die ihr noch wichtig erscheinenden Schritte gegen Dich vor!« Von solchen »Maßnahmen« wird letztlich Abstand genommen.

Das »Zonen-Problem«: Davon ist insbesondere der Mainzer Paul Distelhut betroffen. Denn die Franzosen haben ein anderes Verständnis von Arbeitnehmervertretung als ihre angelsächsischen Alliierten: Auf der einen Seite mißtrauen sie allen zentralen Zusammenschlüssen in Deutschland, weil sie diese als Bedrohungspotential empfinden. Auf der anderen Seite sind sie Mitbestimmungsfragen gegenüber sehr offen; in einer Betriebsvereinbarung der französischen Militärverwaltung mit der südwestdeutschen Eisenbahn sichern sie den Betriebsräten volle Mitbestimmung zu. Paul Distelhut kennt in diesem Zusammenhang die Arbeit des damaligen Hauptbetriebsrates in Speyer und stellt anerkennend fest: »Das war nur mit den Franzosen möglich!« Nur bei den Franzosen möglich ist allerdings auch das Wiederaufleben alter Ressentiments: Als der frühere Mainzer Bezirksleiter Konrad Roth erneut für eine Gewerkschaftsfunktion kandidiert, sperren sich die französischen Besatzungsbehörden. Der Grund: Sie haben seine Rolle im passiven Widerstand während des Ruhrkampfes noch längst nicht vergessen.

Alle diese Schwierigkeiten verhindern letztlich nicht den Zusammenschluß eines Großteils der bizonalen Eisenbahner zur »Gewerkschaft der Eisenbahner Deutschlands«

(GdED) auf dem Gründungsverbandstag vom 23. bis zum 26. März 1948 im Frankfurter Vorort Bergen-Enkheim. Im Juni 1949 dann schließt sich die Eisenbahnergewerkschaft der französischen Zone dem Einheitsverband an. In ihrer Satzung schreibt die GdED fest: »Die Gewerkschaft wird nach demokratischen Grundsätzen verwaltet. Sie ist keiner Partei oder weltanschaulichen Gemeinschaft verbunden und erwartet von ihren Mitgliedern gegenseitige Achtung der politischen und weltanschaulichen Ansichten.« Dieser Satz ist Programm; in der Begrüßungsansprache des Gründungsverbandstages in Bergen-Enkheim vertieft der Tagungspräsident Horlacher diese programmatische Aussage: »Wir sind politisch neutral. (. . .) Diese politische Neutralität muß in der Gewerkschaft aufrechterhalten bleiben! Wenn dies nicht geschieht, versinken wir wieder in das alte Elend.«

Harburger Protokolle

Der gewerkschaftliche Alltag vor Ort mit allen seinen organisatorischen, wirtschaftlichen und politischen Problemen ist beispielhaft einigen handschriftlichen Protokollen aus dem Archiv der GdED-Ortsverwaltung Hamburg-Harburg zu entnehmen; der Ortsverwaltung, der Hermann Griebe für Jahrzehnte vorstehen wird: Die Funktionärsversammlung der »Industriegewerkschaft der Eisenbahner« – so heißt sie vor Gründung des Einheitsverbandes – beschäftigt sich am 5. Januar 1948 mit der Vorbereitung von Betriebsratswahlen, die »auf Drängen der Militärregierung« fünf Monate vorgezogen wurden. Unter »Verschiedenes« beklagt der Vorsitzende, daß die Briten, anders als die Amerikaner, bislang die Auszahlung von Vollohn an Jugendliche und Frauen verweigert hätten. Begrüßt wird die Anerkennung der Eisenbahn als »Problemindustrie«, denn diese Anerkennung bedeutet Erschwerniszulagen für die Eisenbahner. Gewarnt wird schließlich vor einer voreiligen Sozialisierung der Eisenbahn: »(Da) soll man sehr vorsichtig sein, damit es für die Allgemeinheit auch Vorteile bringt.« Mit Finanzproblemen befaßt sich eine Delegiertenversammlung am 13. Februar 1948. Da Beitragserhebungen von den Alliierten bislang noch verboten sind, muß die Finanzdecke illegal gestrickt werden; die Kollegen geben reichlich: Durch Sammlungen kommen 13 692 Reichsmark zusammen. Auf einer Vorstandssitzung vom 26. Februar 1948 wird die befürchtete Zwangsverschmelzung mit der ÖTV angesprochen, deren Chef Malina scharf angegriffen: »Malina stellt (...) wie immer seine unwahren Behauptungen auf, daß seine Organisation die einzige ist, die Belange der Eisenbahner wahrzunehmen.« Nur durch eine klare Aussage zugunsten einer eigenen Eisenbahnerorganisation könne verhindert werden, »daß Kollegen die Gelegenheit nutzen, um aus dem Verband auszutreten«. Auch die allgemeine Funktionärsversammlung vom 29. Februar 1948, die den Verbandstag von Bergen-Enkheim vorzubereiten hat, spricht sich klar für eine eigene Eisenbahnergewerkschaft aus; der Vorschlag des DGB-Vorsitzenden Hans Böckler, den Gründungsverbandstag ausfallen zu lassen und sich auf eine Eingliederung in die ÖTV vorzubereiten, wird einstimmig verworfen, eine entsprechende Resolution formuliert: »Die Delegierten stehen nach wie vor zu früheren auf Konferenzen und Versammlungen gefaßten Beschlüssen, wonach die einzige Organisationsform für die Eisenbahner die Einheitsgewerkschaft der Eisenbahner ist.«

Die Betriebsgewerkschaft »Gewerkschaft der Eisenbahner Deutschlands« setzt sich durch; nach dem Gründungsverbandstag von Bergen-Enkheim ändern sich die Themen in Hamburg-Harburg wie anderswo: Organisationsprobleme treten hinter wirtschaftlichen Problemen zurück. In den ersten Sitzungen der nunmehr »Freien Deutschen Eisenbahner-Gewerkschaft« (an den neuen Namen GdED muß man sich wohl erst noch gewöhnen) stehen Themen wie Kohleversorgung, Verteilung von Care-Paketen, die Folgen der

Paul Distelhut und Gretel Schneider in den siebziger Jahren.

Gretel Rabic mit dem GdED-Vorsitzenden Ernst Haar, 1980.

Demontage und der drohende Abbau von 150 000 Arbeitsplätzen bei der Bahn auf der Tagesordnung: Die Reichsbahnverwaltung versucht ein erstes Mal, mit betriebswirtschaftlichen Argumenten die Einsparung von Personal zu begründen; von Sozialisierung ist in den Chefetagen der Bahn längst keine Rede mehr. Zudem sorgt die Währungsreform vom 20. Juni 1948 mit ihrem »Kopfgeld« von vierzig DM und dem Umtausch von Spareinlagen und Guthaben im Verhältnis eine DM für zehn Reichsmark für die Stabilisierung überkommener Eigentumsverhältnisse. Die Harburger Funktionärsversammlung vom 29. Juli 1948 beklagt die schnelle Umverteilung der ausgezahlten Gelder von unten nach oben, den durch die enorme Nachfrage bedingten Preisanstieg und fordert ihre Mitglieder auf, »passive Resistenz den Händlern gegenüber zu üben«. Doch die Maschinerie der Marktwirtschaft läuft unaufhaltsam an; schon bald werden sich die Arbeitnehmervertreter in Gewerkschaften und Parteien von sozialistischen Gesellschaftsmodellen verabschieden und solidarisch, wenn auch kritisch am Aufbau des Wirtschaftswunders mitwirken. »Glücklich und stolz« wird zehn Jahre nach Kriegsende der Deutsche Gewerkschaftsbund in einer Jubiläumsbroschüre auf die Aufbauleistungen zurückblicken, wird dessen Vorsitzender Hans Böckler darauf hinweisen, »daß wir es vor allem der Pflichttreue, der Disziplin und dem Anstand unserer deutschen Arbeitnehmerschaft zu verdanken haben, wenn Westdeutschland nach dem Zusammenbruch nicht im Chaos versank«.

Der »Modellfunktionär« dieser Zeit muß bestimmten Kriterien genügen. Fritz Dreher und Willi Komorowski, Paul Distelhut und Hermann Griebe, Gretel Schneider und Gretel Rabic, befragt, wie ein »Funktionär der ersten Stunde« bei der Eisenbahnergewerkschaft beschaffen sein mußte, werden sich da überraschend schnell einig: Männlich muß er sein, möglichst Familienvater, zwischen fünfzig und sechzig Jahre alt. Er ist schon vor 1933 in der Gewerkschaftsbewegung, hat dort in der Regel auch ein politisches Mandat inne, meist als Sozialdemokrat. Er wird politisch verfolgt und bleibt auch in der NS-Zeit seiner Gesinnung treu. Akademiker sollte er nicht sein, auch kein Bürokrat, schon gar nicht ehemaliges NSDAP-Mitglied oder Kommunist. Christliche Orientierung dagegen ist im Einheitsverband durchaus gefragt. Vor allem aber soll er keine radikalen Thesen vertreten, sondern zuerst und vordringlich »für die Menschen da sein«.

In einer brillanten Analyse der Gewerkschaftsbewegung nach dem Krieg des Ungarn Michael Szeplabi wird der mögliche Neubeginn in eine »ideologische« und eine »praktische Alternative« aufgeteilt: »entweder die Vision einer gesellschaftlichen Neuordnung aus sozialistischen Gesellschaftsbildern heraus oder die Beteiligung am gesellschaftlichen Wiederaufbau in Anknüpfung an die Tradition der ersten deutschen Republik«. Für den »Modellfunktionär der ersten Stunde« stellen sich diese Alternativen erst gar nicht; er wählt den einzig ihm gemäßen »praktischen« zweiten Weg, der die bunte Vielfalt der Pionierarbeit, die Dynamik des Provisoriums unter alliierter Besatzung bald vergessen läßt. Wie nach dem Ersten Weltkrieg fällt der Abschied vom sozialistischen Gesellschaftsmodell nicht allzu schwer. Und wie nach dem Ersten Weltkrieg setzt der »Funktionär der ersten Stunde« das Gebot politischer Neutralität allzuoft gleich mit dem Gebot allgemeinpolitischer Ausgewogenheit.

KAPITEL 10

Vier Jahrzehnte später

Vier Jahrzehnte sind seither vergangen. Der selbsternannte »Enkel Adenauers« regiert nach Regeln, die in den Anfangsjahren der Republik festgelegt wurden. Die Währungsreform, die mehr als nur das war – wer hatte, dem wurde gegeben –, ist nun auch schon vierzig Jahre alt. Und die Einheitsgewerkschaft der Eisenbahner feierte kürzlich ihren vierzigsten Geburtstag.

Von den Träumen der Anfangsjahre ist wenig geblieben: Die Gewerkschaften sind in der Defensive. Altbekannte Rezepte – Sozialabbau, Rationalisierung, Privatisierung – bedrohen die Bundesbahn ebenso wie weiland das Reichsbahngesetz von 1925 die Reichsbahn. Und wieder bleibt den Betroffenen nur das Reagieren, wieder wurde das Agieren in besseren Zeiten versäumt. Das Tempo geben die Regierenden vor. Auch dies nichts Neues: Es scheint, als wiederhole sich die Geschichte in Sinuskurvenform.

Lebensgeschichte folgt anderen Regeln als Zeitgeschichte: Individuen sind lernfähig. Und jeder zieht seine eigenen Konsequenzen. Was wurde aus den »Gewerkschaftern der ersten Stunde«?

Nikolaus Rott, der Älteste, lebt heute in einem Weidener Reihenhaus. Der Witwer wird von einer Haushälterin versorgt; zwischen verstaubten Möbeln aus den zwanziger Jahren versucht er, mit den Gebrechen eines hohen Alters fertig zu werden. Manchmal scheint bei dem inzwischen 97jährigen die unbändige Energie der früheren Jahre auf: Dann, wenn er sich auflehnt gegen seinen Körper, der nicht mehr so will, wie Nikolaus Rott durchaus noch könnte. Dann, wenn er sich aufregt über seine Angehörigen, die seine Unterlagen aus achtzig Jahren Gewerkschaftsgeschichte wenig sorgsam behandelt haben; ein mögliches zeitgeschichtliches Archiv wurde durch Unachtsamkeit vertan. Doch wenn auch die schriftlichen Belege weitgehend fehlen: Die Weidener Ortsverwaltung hat ihren Senior nicht vergessen, besucht ihn regelmäßig, würdigt seine Verdienste um die Gewerkschaftsbewegung. Nikolaus Rott ist schon zu Lebzeiten eine lokale Legende geworden.

Auch *Gretel Schneider, geb. Pitschmann,* die 84jährige, die zwanzig Jahre jünger wirkt, ist eingebettet in das gewerkschaftliche und politische Umfeld, das ihr Leben seit jeher bestimmte. »65 Jahre Gewerkschaft, 60 Jahre SPD, 40 Jahre Arbeiterwohlfahrt«, zählt sie die maßgeblichen Stationen ihres Lebens auf, die lebendig sind wie ehedem: In Mainz bewohnt sie allein eine gemütliche Zweizimmerwohnung; ihr Stadtteil ist geprägt von Arbeiterkultur und sozialdemokratischer Tradition. Gretel Schneider besucht häufig den Freundeskreis der Sozialistischen Arbeiterjugend; auch eine Tochter des so verehrten früheren Bezirksleiters und Chefs Konrad Roth ist dabei. Als sie 80 wurde, bekam sie von der Gewerkschaft drei Flaschen Wein; auch ihr 85ster Geburtstag wird nicht vergessen werden. »Ich habe viele Erlebnisse gehabt«, sagt sie, »ich habe drei Bezirksleiter überlebt. Ich habe schöne Dinge erlebt. Ich habe dann meine Geburtstage gefeiert mit der Gewerkschaft.«

Paul Distelhut zählt zu den Honoratioren seiner Heimatstadt Mainz. Er kann auf eine erfolgreiche Karriere zurückblicken; bei der Gewerkschaft wie bei der SPD: langjähriger Fraktionsvorsitzender im Mainzer Stadtrat unter dem Oberbürgermeister »Jockel« Fuchs; Bezirksleiter des GdED-Bezirkes Mainz, Ehrenbürger der Stadt Mainz, zahlreiche Ehrungen. Den Bezirk Mainz gibt es nicht mehr seit Mitte der 70er Jahre; eine Tatsache, die Paul Distelhut bis heute nicht richtig verwunden hat. Denn er ist Lokalpatriot, geprägt durch den Sonderstatus der Pfalz in der Weimarer Zeit wie in der Nachkriegszeit: Wie kein zweiter weiß er von deutsch-französischen Beziehungen zu berichten; er ist ein brillanter Zeuge der französischen »Zonengeschichte«. Und eine zweite Leidenschaft pflegt der ehemalige Schriftsetzergeselle: die Liebe zur Buchdruckerkunst. Und so verschenkt er gerne eine bibliophile Rarität an liebe Besucher: Das kleinste Buch der Welt – gedruckt in der Gutenbergstadt Mainz – der Olympische Eid, gesetzt in millimeterkleinen Lettern.

Der »Rösch-Indianer« *Fritz Dreher* ist der Freigeist geblieben, der er in seiner Jugendzeit war: Sein politisches Urteil ist unbequem, selbstkritisch, zweifelnd bis zur Verzweiflung: »Die Armut hat uns zusammengeführt, der Wohlstand heute trennt uns«, sagt er, »Sozialist oder nicht!« Als er Gewerkschaftssekretär wurde, kam »die Eitelkeit durch«, erinnert er sich. Fritz Dreher lebt mit seiner zweiten Frau in liebevoller Ehe, sehr abgeschieden in seinem schwäbischen Eigenheim seit seiner Frühpensionierung 1960. Zwei Phänomene bestimmen sein Leben heute: Zum einen vergräbt er sich in Büchern (Kant, Schopenhauer, Marc Aurel), macht mangelnde Leseerfahrung verantwortlich auch für politische Fehlentwicklungen. Zum zweiten sucht er den Kontakt zur Jugend: Das Ehepaar Dreher, selbst kinderlos, wird immer wieder von jungen Leuten aus der Nachbarschaft besucht. Der Zweifler und Ästhet mit seiner weißen Künstlermähne und seiner großen Sensibilität findet ohne Schwierigkeit den Kontakt zu um ein halbes Jahrhundert Jüngeren. Der Kontakt zur Gewerkschaft dagegen ist seit langem abgebrochen.

August Trocha, der Duisburger, lebt – nur von einer Betreuerin versorgt – in einer Eisenbahnersiedlung aus dem Jahr 1922 im tiefen Ruhrgebiet. Demographie, die Lehre von Bevölkerungsentwicklung und Wohnumfeldern, ist seine große Leidenschaft; er weiß von der Geschichte seiner Nachbarschaft und deren industriepolitischen Hintergründen farbig und lebensnah zu erzählen. Zudem ist er tief verwurzelt in seiner Familiengeschichte; Generalogie, die Erforschung der eigenen Herkunft, ist ein zweiter Schwerpunkt seiner Auseinandersetzung mit der Vergangenheit. Wie bei Fritz Dreher auch prägt Zweifel seine Rückschau auf sechzig Jahre gewerkschaftlicher und politischer Tätigkeit; konstruktiver Zweifel: Die Entmutigung der ersten Nachkriegszeit konnte er erfolgreich überwinden. Ein Kernsatz: »Wenn es um den Erfolg geht, muß einer das Sagen haben!« So hielt er es selbst, zeit seines Lebens.

Hermann Griebe, der Hamburger, lebt in einem Umfeld, das es eigentlich gar nicht mehr geben kann. Sein Haus in einer Kleingartensiedlung in Hamburg-Harburg zeugt von lebenslanger Arbeit: Stück für Stück, Zimmer für Zimmer hat er die ursprüngliche Gartenlaube zu einem Haus ausgebaut, das diesen Namen verdient. In dieser Siedlung ist alles sozialdemokratisch, gewerkschaftlich; die Nachbarn besuchen sich ohne Anmeldung, pflegen selbstverständliche Solidarität. Hermann Griebe hat seine Söhne erzogen, wie es ihm anders gar nicht möglich war: Jugendweihe statt Konfirmation, gewerkschaftlicher Ethos, sozialdemokratische Gesinnung. Der Älteste tritt in seine Fußspuren, ist inzwischen der zweite Mann in der GdED-Ortsverwaltung Harburg. Zwei Dinge treffen den tief verwurzelten Vertreter der Arbeiterbewegung besonders tief: der Verlust der Nähe in der gewerkschaftlichen Großorganisation und die bedrohte Zukunft der Jugend. Und die lastet er seiner eigenen Generation an: »Wir hätten uns wehren sollen«, sagt er zum Aufkommen des Nationalsozialismus und zieht eine Parallele zur Gegenwart: »Wie sollen sie uns heute noch glauben?«

Gretel Rabic, geb. Meier, wohnt in einer Etagenwohnung in Frankfurt-Bockenheim; die Zimmer sind karg, aufgeräumt, ohne weiblichen Zierat. Kämpferisch ist sie geblieben, eine Feministin aus einer Zeit, als dieses Phänomen noch keinen Namen hatte, energisch, übersprudelnd, wenn sie von ihren Kämpfen um die Gleichstellung der Frau erzählt. Eine zweite Seite kommt zum Vorschein, wenn sie ihre Ehe lebt: Der Ehemann, ein intellektueller, stiller Jugoslawe, läßt die temperamentvolle Frauenrechtlerin ebenfalls still werden, und stolz. Die Hälfte des Jahres verbringt das Ehepaar in Jugoslawien.

Willi Komorowski schließlich: Er ist nach wie vor politisch tätig, bereist als »professioneller Zeitzeuge« die Republik, wird nicht müde, von seinen Erfahrungen mit der Diktatur zu erzählen. Sein privates Archiv will er nach seinem Tode der Öffentlichkeit zur Verfügung stellen; die Eigenschaft, Erlebnisse mit Dokumenten zu belegen, wurzelt in vielen negativen Erfahrungen aus der unhistorischen Epoche der fünfziger und sechziger Jahre. Der Kölner, der wie kein zweiter den Glauben an die Kraft der Arbeiterbewegung zu wecken versteht, sieht sein eigenes Wirken nie privat, immer politisch: Als junge Gewerkschafter ihn fragen, ob er sein Leben so noch einmal leben würde, sagt er, natürlich, »Ja«. Um danach zuzugestehen: »Das war gelogen. Aber was hätte ich der Jugend denn sagen sollen?«

Nikolaus Rott, Jahrgang 1891, verwitwet. Schlosser, Eisenbahner, pensioniert 1956. Gewerkschaftsmitglied (Metallarbeiterverband, DEV, EdED) und SPD-Mitglied seit 1916. Betriebsrat auf Bezirks- und Reichsebene und Stadtrat in der Weimarer Zeit. Nach 1945 Vorsitzender der GdED-Ortsverwaltung Weiden, SPD-Fraktionsvorsitzender im Weidener Stadtrat bis 1960. Lebt in Weiden.

Margarethe »Gretel« Schneider, geb. Pitschmann, Jahrgang 1904, verwitwet. Angestellte der DEV-Bezirksleitung Mainz, später EdED-Bezirksleitung von 1922 bis 1933. SPD-Mitglied seit 1927. Bis 1945 Angestellte in der Chemischen Industrie. Seit 1945 erneut Angestellte der GdED-Bezirksleitung Mainz. Pensioniert 1964. Lebt in Mainz.

Friedrich »Fritz« Dreher, Jahrgang 1906, verheiratet. Metallarbeiter, Eisenbahner, Gewerkschaftsmitglied (Metallarbeiterverband, EdED) seit 1920. Nach 1945 Betriebs-, dann Personalrat auf Bezirksebene, Funktionär der GdED. Seit 1950 Gewerkschaftssekretär für Soziales im GdED-Bezirk Stuttgart. Frühpensioniert 1960. Lebt in Wiernsheim bei Stuttgart.

Willi Komorowski, Jahrgang 1906, verheiratet, 2 Söhne, 1 Tochter. Maschinenschlosser, Eisenbahner, Gewerkschaftsmitglied (DEV, EdED) und Jugendfunktionär seit 1921, SPD-Mitglied seit 1925. Betriebsrat, Ortsvorstandsmitglied des EdED-Ortsverbandes Köln-Nippes. 1935 bis 1937 Bezirksleiter des illegalen EdED-Bezirks »Südliche Ruhr«. Bis 1945 politischer Häftling im Zuchthaus Siegburg. Seit 1947 Gewerkschaftssekretär der ÖTV, Fachabteilung Reichsbahn. Seit 1948 GdED-Bezirksleiter Wuppertal, seit 1956 Ortsbevollmächtigter der GdED in Siegen. Pensioniert 1971. Lebt in Siegburg.

August Trocha, Jahrgang 1904, verwitwet. Schlosser, Eisenbahner, pensioniert 1967. Gewerkschaftsmitglied seit 1923 (DEV, EdED), SPD-Mitglied seit 1926. 1935 bis 1937 Kader des illegalen EdED, Stützpunkt Duisburg des Bezirks »Westliche Ruhr«. 1937 bis 1940 politischer Häftling im KZ Fullen (Emsland) und Zuchthaus Vechta. Ab 1942 Strafbataillon 999, Kriegsteilnehmer. Nach 1945 GdED-Funktionär auf Ortsebene, Vorsitzender des Örtlichen Personalrates Duisburg, Geschäftsführer im Bezirkspersonalrat. Lebt in Duisburg.

Paul Distelhut, Jahrgang 1914, verheiratet, 1 Sohn, 1 Tochter. Schriftsetzer, Eisenbahner. Gewerkschaftsmitglied seit 1929 und örtlicher Jugendleiter (Buchdruckerverband), nach 1945 GdED. Kriegsteilnehmer. Nach 1946 Bezirksvertrauensmann für Schwerbeschädigte bei der Bundesbahndirektion Mainz. Ab 1952 GdED-Bezirkssekretär Mainz, ab 1956 Bezirksleiter Mainz. Mitglied der SPD seit 1929. 1952 bis 1977 Mitglied des Mainzer Stadtrates, davon 10 Jahre Fraktionsvorsitzender, über 10 Jahre 1. Vorsitzender des SPD-Ortsvereins Mainz-Mombach. Ehrenbürger der Stadt Mainz und Träger verschiedener Ehrungen. Pensioniert 1977. Lebt in Mainz.

Hermann Griebe, Jahrgang 1916, verheiratet, 3 Söhne. Eisenbahner, pensioniert 1979. Gewerkschaftsmitglied seit 1931 (Gesamtverb. öffentl. Betriebe), nach 1945 GdED. SPD-Mitglied seit 1946. Kriegsteilnehmer. Nach 1945 Funktionär der GdED auf Ortsebene, Vorsitzender des Ortsverbandes Hamburg-Harburg. Langjähriger Vorsitzender des Örtlichen Personalrates. Lebt in Hamburg-Harburg.

Margarete »Gretel« Rabic, geb. Meier, Jahrgang 1920, verheiratet. Kaufmännische Angestellte; Eisenbahnerin seit 1939. 1946 Örtliche Personalrätin Nürnberg, seit 1947 Gewerkschaftsmitglied (GdED). Von 1952 an Frauensekretärin im GdED-Hauptvorstand Frankfurt. Pensioniert 1980. Lebt in Frankfurt.

NACHWORT

Ein wenig Theorie

Nachträgliche Verfertigung von eineinhalb Lebensjahrzehnten eines Gewerkschafters: »Im Jahr 1919 trat ich in das Arbeitsverhältnis der Deutschen Eisenbahn als Maschinenschlosser ein. Als Funktionär des Einheitsverbandes der Eisenbahner Deutschlands war ich als Betriebsrat beim Bw Weiden in ununterbrochener Folge. 1927 kam ich in den Bezirksbetriebsrat der Reichsbahndirektion Regensburg bis 1929. Im Jahr 1930 war ich Haupt-Betriebsrat der Gruppenverwaltung Bayern in München. 1931 bis 1933 wieder im Bezirks-Betriebsrat der Reichsbahndirektion in Regensburg. Außerdem war ich beim Arbeits- und Landgericht als Schöffe und Geschworener und anderen Korporationen tätig. Von 1919 bis 1933 war ich Mitglied der Sozialdemokratischen Partei. 1930 (mit Kopierstift zu 1928 umgeändert) bis 1933 wurde ich als Mitglied der Sozialdemokratischen Partei in den Stadtrat gewählt. Von 1926 bis 1933 war ich als Referent der SPD sowie des Einheitsverbandes der Eisenbahner Deutschlands bei vielen Wahl- und Agitationsversammlungen im Landkreis Weiden (Oberpf.) und Neustadt (Waldnaab) und darüber hinaus tätig.«

Der zweite Abschnitt aus dem Lebenslauf des Weidener Nikolaus Rott, Jahrgang 1891, zeitlich und thematisch gegliedert: Beruf, Betriebsratsfunktionen, ehrenamtliche Tätigkeiten, Parteidaten und Mandate, Sonstiges. Das Leben in ordentliche Päckchen gepackt – anscheinend. Doch manches irritiert. Formal etwa: Verschieden lange Lebensabschnitte werden hintereinandergeschaltet, unterbrechen den chronologischen Fluß. Eine Jahreszahl muß mit Kopierstift korrigiert werden. Oder auch inhaltlich: Berufliche und familiäre Daten finden keine Erwähnung. Ehrenamtliche Tätigkeiten werden unvermittelt, an dieser Stelle nicht einsichtig, dazwischengeschaltet. Ein Kürzel wie »Bw« (= »Betriebswerk«) wird als bekannt vorausgesetzt. Und: Alle parallel laufenden Stränge brechen im gleichen Jahr 1933 unvermittelt ab.

Erklärungen gibt es viele, auch einleuchtende für diese Einbrüche ins Ordnungssystem eines Lebenslaufes: Verschieden lange Lebensabschnitte müssen deshalb hintereinander geschaltet werden, weil Nikolaus Rott sowohl Eisenbahner als auch Betriebsrat als auch Sozialdemokrat war. Der zu korrigierenden Jahreszahl kann ein Flüchtigkeitsfehler als auch mangelnde Erinnerung zugrunde liegen. Berufliche und familiäre Daten wurden deshalb ausgespart, weil es keine nennenswerten Ereignisse gab oder aber deshalb, weil der Schreiber annehmen mußte, daß der Adressat des Lebenslaufes an solchen Daten nicht interessiert war. Das »Betriebswerk« taucht deshalb nur als Kürzel auf, weil das Kürzel längst zur gewohnten Formel wurde oder aber deshalb, weil der Schreiber bei seinem Adressaten die Kenntnis dieses Kürzels voraussetzen konnte. Und schließlich: Alle parallel laufenden Stränge brechen wahrscheinlich deshalb im Jahr 1933 ab, weil Nikolaus Rott durch die NS-Gleichschaltung von Gewerkschaften und Parteien alle seine Funktionen verlor.

Einem nachgeborenen Geschichtsschreiber, der die Geschichte etwa der freien Eisenbahngewerkschaft(en) in der Weimarer Republik schreiben will, muß es ähnlich gehen wie dem Lebenslaufschreiber Nikolaus Rott: Wie er ordnet er nachträglich das Geschehen in ein sinnvolles System ein. Wie er muß er verschiedenste Ereignisse parallel schalten, weil es in der Geschichte deren einfach zu viele gibt. Wie er muß er Flüchtigkeitsfehler, zudem auch Recherchefehler korrigieren und Gedächtnislücken füllen. Wie er muß er bestimmte Themen aussparen, weil er sie persönlich nicht für zum Thema gehörig hält oder annimmt, daß seine Leser daran wohl nur wenig interessiert sind. Wie er muß er gewohnte Verkürzungen von Tatbeständen vermeiden, oder aber er darf diese Verkürzungen als Allgemeingut oder allgemeinen Konsens voraussetzen. Und wie er kann oder muß er im Erzählfluß dann Einschnitte machen, wenn sich offensichtlich neue Dinge ereignen oder neue historische Entwicklungen abzeichnen. Und dies alles noch mit einem schwerwiegenden Nachteil gegenüber dem Lebenslaufschreiber: Er hat die Zeit selbst nicht erlebt.

Diesem letzten Mangel allerdings kann abgeholfen werden – er kann Zeitzeugen befragen. Zeitzeugen verschiedener Jahrgänge allerdings, verschiedenen Geschlechts, verschiedener familiärer und örtlicher Herkunft, verschiedener Temperamente, verschiedener Schicksale, verschiedener Erzählweisen; schließlich: verschiedener Erinnerungsgewichtung. Eine Summe von Unwägbarkeiten, die sich mit Sicherheit zu einem Kaleidoskop der Erinnerungen addieren, doch – bilden sie Geschichte ab?

George Orwell, der Verfasser von so penibel durchgearbeiteten Gesellschaftsentwürfen möglicher Zukünfte wie »Die Farm der Tiere« oder »1984«, läßt den Held des Romanes »1984« nach der Wahrheit der vom allmächtigen »Großen Bruder« verfälschten und umgeschriebenen Vergangenheit forschen. Er stößt dabei auf einen Überlebenden dieser Zeit und versucht, möglichst verbindliche Auskünfte zu bekommen. Vergeblich: Der alte Mann schwelgt wohl in Erinnerungen, doch nicht in denen, die sein Befrager von ihm erwartet. Seinen Zeitzeugen beurteilt der Sucher nach historischer Wahrheit letztlich so: »Die Erinnerung des alten Mannes war weiter nichts als ein Kehrrichthaufen von Einzelheiten. (...) Die paar verstreuten Überlebenden der alten Welt (waren) nicht imstande, das eine Zeitalter mit dem anderen zu vergleichen. Sie erinnerten sich wohl einer Unzahl bedeutungsloser Dinge, an den Streit mit einem Arbeitskollegen, die Suche nach einer verlorenen Fahrradpumpe, den Ausdruck auf dem Gesicht einer längst verstorbenen Schwester, die Staubwirbel an einem windigen Morgen vor siebzig Jahren; aber alle wirklich aufschlußreichen Tatsachen waren ihrem Gesichtskreis entschwunden. Sie waren wie die Ameisen, die wohl kleine, aber keine großen Gegenstände erkennen können.« Der so Enttäuschte drückt ziemlich drastisch aus, was viele Geschichts- oder auch Geschichtenschreiber fühlen mögen, wenn sie sich auf das mühsame Geschäft von Zeitzeugenbefragungen einlassen. Doch ist nicht die Vorabentscheidung, was denn »aufschlußreiche Tatsachen« sind, ein Mangel an historischer wie menschlicher Neugierde? Hat nicht jede Erinnerung ihren eigenen Wert, auch wenn das Gegenüber diesen Wert nicht erfassen kann? Wie steht es überhaupt um die Erinnerung des Menschen?

Der Journalist Rudolf Walter Leonhardt unterscheidet zwei Arten von Erinnerung: die des »vor kurzem erst geschehen« und die des »von fern erinnert«. Die eine kann ein Ereignis im Gedächtnis so zurückrufen, als ob es gerade jetzt geschähe; die andere hat längst »zwischen einem wesentlichen Ereignis und zufälligen Umständen unterschieden«. Da sind wir ein weiteres Mal in der Zwickmühle: Welche Erinnerung zählt zu welcher Kategorie? Und wer ist in der Lage, die beiden Kategorien jeweils richtig anzuwenden?

»Im von fern Erinnerten verschmilzt vieles«, sagt Leonhardt, »das ist ein Nachteil, wenn es um Genauigkeit geht. Es ist ein Vorteil, wenn es ein Weg aus der Vereinzelung des Wissens ist ... Das von fern Erinnerte bildet Gemeinschaft ... Mythen und Legenden können darauf zurückgeführt werden.« Das vorliegende Buch ist voll von diesem »von fern Erinnerten« – verbreitet es deshalb eine Legende, einen Mythos »der Arbeiterbewegung«? Oder macht es deshalb den, durch pure »Oral History« erzeugbar, Versuch, mit belegbaren Quellen einem solchen Mythos entgegenzusteuern?

Belegbare Fakten: Das ist Empirie, die Erfahrungswissenschaft. Zeitzeugenerinnerungen: Das weckt Empathie, das »miterleben können« längst vergangener Vergangenheiten.

Eine Mischung aus beiden ist schon ein Stück näher dran an dem, was man Geschichte nennt. Geschichte, die der scharfe Kritiker traditioneller Geschichtswissenschaft, Theodor Lessing, als »nachträgliche Sinngebung des Sinnlosen« bezeichnete. Der Rückgriff auf Zeitzeugenerinnerungen bewahrt vielleicht vor übertriebener Sinngebung.

Und noch eine Stimme, diesmal die des Schweizer Statistik-Professors Zahn, läßt sich »strafmildernd« anführen für den hier gemachten Versuch, verschiedene Zugänge zur Geschichte nicht nur miteinander zu vermischen, sondern sogar Deutungen geschichtlicher Ereignisse daraus abzuleiten. Zahn unterscheidet zwischen »Statistik« und »Enquete«: »Die Statistik erfaßt in der Regel ein bestimmtes Sachgebiet vollständig, generell, zahlenmäßig. Die Enquete untersucht dies teilweise, individualisierend, nicht bloß zahlenmäßig. Sie bedient sich in erster Linie der schriftlichen und mündlichen Vernehmung von Sachverständigen und Zeugen, des Kreuzverhörs und der Augenscheinnahme (...). Die der Enquete zu Gebote stehenden Mittel sind mannigfaltiger als die der Statistik, welche nur zählen und messen kann. Deshalb ist die Enquete vorzüglich dazu geeignet, ihre Aufgaben individualisierend zu lösen, in die Tiefe der Probleme einzudringen und kausale Zusammenhänge klarzulegen.«

Nimmt man die Statistik als Synonym für die traditionelle Geschichtswissenschaft, so ist die Enquete auf die Vorgehensweise des Betreibers von »Oral History«, erzählter Geschichte, anwendbar: Er nimmt »in Augenschein« – Personen, ihre Lebensumstände oder auch ihre Abbilder wie etwa Photos aus vergangenen Tagen. Er individualisiert, vernimmt »Sachverständige« (zumindest in eigener Sache), die gleichzeitig »Zeugen« (der von ihnen erlebten Ausschnitte von Geschichte) sind. Und er scheut auch das Kreuzverhör nicht, wenn ihm eine Erinnerung unzulänglich oder nicht genügend hinterfragt erscheint. So mag denn das vorliegende Buch als eine Art »Enquete« erscheinen, oder zumindest als deren Versuch.

Eines ist jedenfalls klar: Lebensgeschichten ohne Geschichte sind geschichtslos, Geschichte ohne Lebensgeschichten ist gesichtslos. Da kann man es eigentlich nur falsch machen.

Bernd Eichmann

Zuletzt: Dieses Buch wäre nicht möglich geworden ohne die Unterstützung zahlreicher Gewerkschaftskollegen. Da sind zuerst zu nennen: Dr. Rudolf Hofmann, Hans Peter und Margarete v. Seckendorff, alle drei in verschiedenen Funktionen engagiert tätig für die Bildungsarbeit der GdED. Sie haben die Voraussetzungen für die Realisierung dieses Buchprojektes geschaffen und haben alle Phasen meiner Arbeit kritisch, gleichwohl solidarisch begleitet. Ihnen gilt mein ganz besonderer Dank.

Zum zweiten möchte ich allen Zeitzeugen danken, die sich bereit erklärt haben, ihre eigene Lebensgeschichte zum Gegenstand dieses Buches zu machen. Es gehört Mut und Souveränität dazu, die oft so persönlichen Erlebnisse und Empfindungen im Kreis von Altersgenossen erneut Revue passieren zu lassen und sie zudem zur Veröffentlichung freizugeben. Ich möchte nicht versäumen, hier eine Meinung wiederzugeben, die viele dieser ältesten Kollegen im Laufe der Recherche äußerten: »Das hätte zwanzig Jahre früher gemacht werden sollen!« Um Nachsicht bitte ich Gretel Schneider und Gretel Rabic, daß ich ihre Mädchennamen in den ersten Phasen ihres Lebens quasi unterschlagen habe; mir erschien es im Interesse der Leser sinnvoll, es durchgehend bei einem Namen zu belassen, um Irritationen zu vermeiden.

Josef »Jupp« Melles aus St. Katharinen bei Linz soll hier besonders erwähnt werden. Der Bergarbeitersohn aus dem Westerwald, seit 1941 im Eisenbahndienst, Kriegsteilnehmer als Funker der Marine in Frankreich, Kriegsgefangener bis 1947, zählt zu den Christdemokraten der ersten Stunde, die nach dem Zweiten Weltkrieg am Aufbau von Gewerkschaft und Gesellschaft beteiligt waren. Jupp Melles, Jahrgang 1925, wurde im Kreis der weitaus älteren Zeitzeugen als guter Erzähler und noch besserer Zuhörer von allen sehr geschätzt. Noch heute vertritt der Ruheständler die sozialen Belange von Rentnern, Pensionären und Hinterbliebenen, leistet überdies auf Orts- und Bezirksebene engagierte und effektive Seniorenarbeit. Da er als 63jähriger »Junior« – anders als die anderen – seine Sozialisation in der NS- und der Nachkriegszeit erfuhr, ließ sich sein Lebenslauf nicht in das Konzept dieses Buches einpassen. Um so mehr ist ihm für seine Mitarbeit und sein Verständnis dafür zu danken, daß seine Biografie hier nicht berücksichtigt werden konnte. Er gehört zu der Aufbaugeneration, der in ein bis zwei Jahrzehnten ein ähnliches Buch zu widmen sein wird.

Zuletzt ist noch Max Storz zu nennen, gelernter Schmied, Jahrgang 1901. Er vertritt den Typus des religiös geprägten Gewerkschafters mit tief verwurzeltem Ethos und dem Glauben an den Sieg der Humanität. Zeit seines Lebens versuchte sich der Rottweiler Schmied und Eisenbahner als Lyriker und lokaler Journalist; mit erstaunlichen Ergebnissen. Da er aus Termingründen am gemeinsamen Zeitzeugenseminar nicht teilnehmen konnte, versprach ich ihm, ein Gedicht anläßlich seiner Pensionierung im Januar 1966 abzudrucken; erstmals erschienen im »Flügelrad«. Ein Versprechen, dem ich nur allzu gerne nachkomme:

»Max Storz: Mein letzter Hammerschlag

Nun ist's soweit, mein letzter Arbeitstag!
Noch einmal, wie in all' den vielen Jahren,
Die reich an Mühen und Entbehrung waren,
An Leid und Freud und auch an Kampf und Not,
Steh' ich am Feuer, von der Glut umloht.
Hei! wie der Luftstrom durch die Esse braust,

Das Eisen glüht, und meine Schmiedefaust
Holt nochmal aus zu wucht'gem Hammerschlag.

Wie oft im Leben hab ich dies getan;
Mit Lust und Liebe stets zu allen Tagen
Mit meinem Hammer kräftig zugeschlagen.
O, wenn die Funken lustig sind versprüht,
Der Amboß sang sein helles Glockenlied,
Mein starker Arm von Muskelkraft geschwellt,
Dann fühlte ich mich wohl in meiner Welt;
So hielt ich es seit meiner Jugendbahn.

›Drauf, Jungschmied, drauf!‹ einst schon mein Meister rief,
›Bewähre Dich im Erdenkampf und -jammer,
Und wenn es gilt, sei Amboß und auch Hammer,
Daß nie ein Sturm im Leben Dich zerbricht.
Und merks: Das Schicksal liebt den Schwächling nicht.
Mutlos zu sein, paßt schlecht zum Schmiedeblut,
Sei treu und wahr und zu den Menschen gut;
Nur so winkt Dir des Lebens Meisterbrief.‹

Ich hab's befolgt, war schwer auch mancher Tag;
Wo im Konzert die Schmiedehämmer dröhnten,
Die Feuer rauschten und die Pressen stöhnten,
Die Luft von Ruß geschwängert war und heiß,
Wie Tinte von der Stirne rann der Schweiß.
Doch wenn ich Amboß war, ich zagte nicht,
Schwang stets den Hammer voller Zuversicht;
Dem Glauben an das Gute blieb ich treu
Und kannte keine Menschenfurcht dabei.
Drum führ ich stolz den letzten Hammerschlag.«

Ein Dokument der Arbeiterkultur, für Nachgeborene seltsam fern in seinem Pathos, der heute nichts mehr gilt. Oder doch? Andere Zeiten als die unseren: Über solche Dokumente erschließen sie sich, lassen sie sich erschließen.

B. E.

ANHANG

Quellennachweis

I. Primär- und Sekundärquellen

Kapitel 1:

Karl Bayer, Bernhard M. Baron, Josef Mörtl: »80 Jahre Sozialdemokratie in Weiden – 1897 bis 1977. Ein Beitrag zur Geschichte der bayerischen Arbeiterbewegung«. Herausgegeben von der Demokratischen Bildungsgemeinschaft Oberpfalz e. V. Weiden i. d. Oberpfalz, 1978.

Martin Broszat, Hartmut Mehringer (Hrsg.): »Bayern in der NS-Zeit: Widerstand und Verfolgung in Bayern 1933 bis 1945«. München/Wien 1983.

Kapitel 2:

»Der Lehrling im Eisenbahnerdienst«, 2. Jahrgang, Nr. 18 vom 15. September 1920, herausgegeben von der Bezirksleitung Berlin des Deutschen Eisenbahner-Verbandes (DEV).

Frolinde Balser: »Die Arbeiterbildung von ihren Anfängen bis 1918«, in: »Arbeit und Leben«, Sonderheft 4: »Arbeiterbildung – Tradition und Zukunft«, Düsseldorf 1963.

Robert v. Erdberg: »Fünfzig Jahre freies Fortbildungswesen« (1921), in: Klinkhardts Pädagogische Quellentexte: »Zur Geschichte der Arbeiterbildung«, hrsg. von Hildegard Feidel-Mertz, Bad Heilbrunn 1968.

Theodor Bäuerle: »Arbeiterbildung« (1924), in: Klinkhardts Pädagogische Quellentexte: »Zur Geschichte der Arbeiterbildung«, hrsg. von Hildegard Feidel-Mertz, Bad Heilbrunn 1968.

Wilfried van der Will/Rob Burns: »Arbeiterkulturbewegung in der Weimarer Republik – eine historisch-theoretische Analyse der kulturellen Bestrebungen der sozialdemokratisch organisierten Arbeiterschaft«, Frankfurt/Berlin/Wien 1982.

»Die Arbeiter – Lebensformen, Alltag und Kultur«, hrsg. von Wolfgang Ruppert, Frankfurt/Olten/Wien 1988.

Bertolt Brecht: »Kuhle Wampe. Protokoll des Films und Materialien«, hrsg. von Wolfgang Gersch/Werner Hecht; 2. Auflage, Frankfurt/M. 1973.

Kapitel 3:

Zwei Originaldokumente der französischen Generalkommandantur Mainz 1924, Privatbesitz Paul Distelhut, Mainz.

Bruno Gebhardt: »Handbuch der Deutschen Geschichte«, Bd. 4: »Die Zeit der Weltkriege«; 8. neubearbeitete Auflage, hrsg. von Herbert Grundmann. Stuttgart 1959.

Kapitel 4:

Fachverband der Weichensteller und Bahnwärter e. V. der Gewerkschaft Deutscher Eisenbahner und Staatsbediensteter: »Allgemeiner Verbandstag in Essen vom 15.–18. Juni 1919. Verhandlungsniederschrift«, Berlin 1919.

Deutscher Eisenbahner-Verband: »Vorlage für die Vertreter zur außerordentlichen Generalversammlung am 12. September und folgende Tage in Dresden«, Dresden 1920.

Dr. Völter: »Das Gutachten des Komitees Dawes, vom Standpunkt der deutschen Eisenbahner aus beurteilt«; Denkschrift im Auftrag des DEV und der RG, o. O. 1924.

»Lohntarifvertrag zwischen der preußisch-hessischen Staatseisenbahnverwaltung und dem Deutschen Eisenbahner-Verband in Berlin, dem Allgemeinen Eisenbahner-Verband (E. V.) in Berlin-Friedenau, der Gewerkschaft Deutscher Eisenbahner und Staatsbediensteter in Berlin, in: »150 Jahre Menschen bei der Bahn«, Bildmappe, hrsg. von der Gewerkschaft der Eisenbahner Deutschlands, Frankfurt/M. 1985.

»Sondernummer der Betriebsräte-Merkblätter für Eisenbahner«, 2. Jahrgang Nr. 4, vom April 1921, hrsg. vom Vorstand des Deutschen Eisenbahner-Verbandes, Berlin. In: »150 Jahre Menschen bei der Bahn«, Bildmappe, hrsg. von der Gewerkschaft der Eisenbahner Deutschlands, Frankfurt/M. 1985.

»Der Deutsche Eisenbahner – Ausgabe A für Lohnempfänger«, 1. Jahrgang Nr. 1 vom 12. 7. 1925, hrsg. vom Einheitsverband der Eisenbahner Deutschlands, Berlin 1925.

Einheitsverband der Eisenbahner Deutschlands: »Geschäftsbericht des Vorstandes für die Zeit vom 1. Januar 1927 bis 31. Dezember 1927«, Berlin 1928.

Einheitsverband der Eisenbahner Deutschlands: »Material für die Beamtenrätewahl 1928«, Berlin 1928.

»Die Verfassung des Deutschen Reiches« (Weimarer Verfassung) vom 11. August 1919, in: »Deutsche Verfassungen – Deutschlands Weg zur Demokratie«, München o. J.

Rolf Thieringer: »Das Verhältnis der Gewerkschaften zu Staat und Parteien in der Weimarer Republik. Die ideologischen Verschiedenheiten und taktischen Gemeinsamkeiten der Richtungsgewerkschaften – der Weg zur Einheit«. Inaugural-Dissertation zur Erlangung des Doktorgrades an der Hohen Philosophischen Fakultät der Universität Tübingen, Heilbronn 1954.

Gerard Braunthal: »Der allgemeine Deutsche Gewerkschaftsbund – zur Politik der Arbeiterbewegung in der Weimarer Republik«; Schriftenreihe der Otto-Brenner-Stiftung, Köln 1981.

Bücherei des Einheitsverbandes der Eisenbahner Deutschlands, 23. Band: »Vom Dawesplan zum Youngplan – Das deutsche Reichsbahnpersonal unter den Reparationsgesetzen«, Berlin 1930.

»Freie Eisenbahnerjugend«, Jugendzeitung, hrsg. vom Einheitsverband der Eisenbahner Deutschlands, Nr.: 7/1931, 6/1932, 7/1932, 8–9/1932, 10/1932, 12/1932, 1/1933.

»Merkblätter für Betriebs- und Beamtenräte der Reichsbahn«, hrsg. vom Vorstand des Einheitsverbandes der Eisenbahner Deutschlands, 13. Jahrgang Nr. 12 vom 20. 12. 1932.

Kapitel 5:

Josef Kurth: »Geschichte der Gewerkschaften«. Hannover/Frankfurt a.M. 1962.

»Dokumente der Deutschen Politik und Geschichte von 1848 bis zur Gegenwart«, Bd. IV: »Die Zeit der nationalsozialistischen Diktatur 1933 – 1945: Aufbau und Entwicklung 1933 – 1938«, hrsg. von Johannes Hohlfeld, bearbeitet von Klaus Hohlfeld. Berlin/München o. J.

Kapitel 6:

Lebenslauf, Entnazifizierungsbogen u. div. Korrespondenzen, Privatbesitz, Nikolaus Rott.

»50 Jahre Machtergreifung – Arbeiterbewegung, Nationalsozialismus und Neofaschismus in Deutschland; Materialien und Kommentare«, hrsg. vom DGB-Bundesvorstand, Abt. Jugend, Düsseldorf 1982.

Plakate der Werbereihe »Räder müssen rollen für den Sieg«, in: »150 Jahre Menschen bei der Bahn«, hrsg. von der Gewerkschaft der Eisenbahner Deutschlands, Frankfurt/M. 1985.

Ursula-Maria Ruser: »Die Reichsbahn als Reparationsobjekt«, Freiburg 1981.

Deutsche Reichsbahn: »Personalvorschriften. Teil 1: Beamtenrecht (PV 1), gültig vom 1. Oktober 1942 an«. Erlassen vom Reichsverkehrsministerium, Wien 1942.

»Die Rechts- und Einkommensverhältnisse der Eisenbahnbeamten in der Vergangenheit (1835 – 1948)« u. »Die Arbeitsbedingungen und Einkommensverhältnisse der Eisenbahnarbeiter in der Vergangenheit (1835 – 1948)«, erstellt im Wissenschaftlichen Dienst des Deutschen Bundestages, Fachbereich III »Verfassung und Verwaltung«, Bearbeiter OAR Schneider, Bonn 1986.

Bernd Eichmann: »Versteinert, verharmlost, vergessen – KZ-Gedenkstätten in der Bundesrepublik Deutschland«, Frankfurt/M. 1986.

Max von der Grün: »Wie war das eigentlich? Kindheit und Jugend im Dritten Reich«, Darmstadt/Neuwied 1981.

Kapitel 7:

»Fahrt frei – für den Einheitsverband der Eisenbahner Deutschlands, Sektion der I.T.F.«, Oktober 1936, in: »150 Jahre Menschen bei der Bahn«, Bildmappe, hrsg. von der Gewerkschaft der Eisenbahner Deutschlands, Frankfurt/M. 1985.

Helmut Esters/Hans Pelger/Alexandra Schlingensiepen: »Gewerkschafter im Widerstand«, Schriftenreihe des Forschungsinstituts der Friedrich-Ebert-Stiftung, Band 49; 2. Auflage, Bonn 1983.

Dr. Hans Hauf: »Internationale Transportarbeiter-Föderation 1896–1983«, hrsg. vom Österreichischen Gewerkschaftsbund u. Gewerkschaft der Eisenbahner, Wien 1983.

»Report on Activities an Financial Report of the I.T.F. and proceedings of the International Transport Workers Congress and the Sectional Conferences held in connection therewith at the Congress House, Zürich. Switzerland, from 6 to 12 May, 1946«, London 1946.

Detlev Garbe (Hrsg.): »Die vergessenen KZs? Gedenkstätten für die Opfer des NS-Terrors in der Bundesrepublik«. Bornheim-Merten 1983.

»Gedenkstätten für die Opfer des Nationalsozialismus – eine Dokumentation«, Schriftenreihe der Bundeszentrale für

Politische Bildung, Bd. 245, erstellt von Ulrike Puvogel. Bonn 1987.

Kapitel 8:

Zuchthausakten des Zuchthauses Siegburg, div. Korrespondenzen, Privatbesitz Willi Komorowski.

Kapitel 9:

Stig Dagermann: »Deutscher Herbst«, Frankfurt/M. 1987.

Heinrich Böll: »Kümmelblättchen, Spritzenland, Kampfkommandantur«, in: »Das Jahr '45 in Dichtung und Bericht«, hrsg. von Hans Rauschning, München 1985.

I.T.F.: »Tätigkeitsbericht für die Jahre 1946 und 1947, vorgelegt dem Internationalen Transportarbeiterkongreß in Oslo, 19. bis 24. Juli 1948«, London 1948.

Vorlage zum »Vereinigungs-Gewerkschaftstag der Eisenbahner-Gewerkschaften in der Brit.-Amerik. Zone«, Frankfurt 1948.

Gerhard Brunn: »Köln in den Jahren 1945 und 1946«, in: »Köln nach dem Nationalsozialismus«, hrsg. von O. Dann, Wuppertal/Hannover 1981.

»Leitfaden für Gewerkschafter«, 1. Jahrgang, Heft 1 vom März 1949, hrsg. von der Gewerkschaft der Eisenbahner Deutschlands, Frankfurt/M. 1949.

»Gesetz Nr. 22: Betriebsrätegesetz von 1946«, in: »150 Jahre Menschen bei der Bahn«, Bildmappe, hrsg. von der Gewerkschaft der Eisenbahner Deutschlands, Frankfurt/M. 1985.

»Satzung der Gewerkschaft der Eisenbahner Deutschlands« von 1948, in: »150 Jahre Menschen bei der Bahn«, hrsg. von der Gewerkschaft der Eisenbahner Deutschlands, Frankfurt/M. 1985.

Handakte von Hans Jahn, GdED-Archiv.

Protokoll der Eröffnungssitzung des Gründungsverbandstages von Bergen-Enkheim vom 23.–26. 3. 1948.

»Jahrbuch des Eisenbahnwesens 1950«, Hamburg 1950.

Erwin Emge: »Aufheben . . . und nicht vergessen – Die junge Gewerkschaft, Aufbauarbeit von 1945–1950, Erinnerung und Mahnung«, hrsg. von der Gewerkschaft der Eisenbahner Deutschlands, Ortsverwaltung Frankfurt/M. 1985.

Handschriftliche Protokolle div. Sitzungen der Ortsverwaltung Hamburg-Harburg der Eisenbahnergewerkschaft in den Monaten Januar bis Juli 1948, GdED-Archiv Ortsverwaltung Hamburg-Harburg.

»1945 – 1955: Zehn Jahre Arbeit, zehn Jahre Aufstieg, zehn Jahre neue deutsche Gewerkschaftsbewegung«, Köln 1956.

Michael Szeplabi: »Das Gesellschaftsbild des Deutschen Gewerkschaftsbundes – eine wissenssoziologische Analyse der gesellschaftlichen Vorstellungen, Leitbilder und Modelle des DGB«; Inaugural-Dissertation zur Erlangung des Grades eines Doktors der Wirtschafts- und Gesellschaftswissenschaften durch die Rechts- und Staatswissenschaftliche Fakultät der Rheinischen Friedrich-Wilhelm-Universität zu Bonn, Bonn 1971.

Nachwort:

George Orwell: »1984«, Lizenzausgabe, Frankfurt/Berlin/Wien 1984.

Rudolf Walter Leonhardt: »Journalismus und Wahrheit«, Luzern 1976.

F. Zahn: »Die kleine Enquête«, in: Hans Schorer: »Grundlegung und Einführung in die statistischen Methoden«, Bern, 1. Auflage 1946.

II. Zeitzeugenbefragungen

Transskripte von Einzelinterviews mit insgesamt elf ehemaligen Funktionären der Gewerkschaft der Eisenbahner Deutschlands.

Transskripte von Gruppengesprächen im Rahmen eines Zeitzeugenseminars in der 4. Oktoberwoche 1987 im Bildungszentrum Königstein/Ts. der GdED; Teilnehmer: sieben der insgesamt elf vorab interviewten ehemaligen GdED-Funktionäre und ihre Ehepartner.

III. Bildnachweis

Das gesamte Bildmaterial stammt aus Privatbeständen der befragten ehemaligen GdED-Funktionäre. Porträt-Photos: B. Eichmann.

Abkürzungen

DEV: »Deutscher Eisenbahner-Verband« (bis 1925)

EdED: »Einheitsverband der Eisenbahner Deutschlands« (ab 1925)

GdED: »Gewerkschaft der Eisenbahner Deutschlands« (ab 1948)